J. BOULANGER

L'ABBÉ A. BARAUD

CHRÉTIENS ILLUSTRES

AU XIXe SIÈCLE

MARINS ET SOLDATS

Ouvrage orné de gravures.

PARIS
rue des Saints-Pères, 30
J. LEFORT, IMPRIMEUR, ÉDITEUR
A. TAFFIN-LEFORT, SUCCESSEUR
rue Charles de Muyssart, 24
LILLE

CHRÉTIENS ILLUSTRES

AU XIXe SIÈCLE

MARINS ET SOLDATS

Grand in-8° 4e série *bis*.

Général LE FLÔ

L'ABBÉ A. BARAUD

CHRÉTIENS ILLUSTRES

AU XIXe SIÈCLE

MARINS ET SOLDATS

Ouvrage orné de gravures.

PARIS
rue des Saints-Pères, 30
J. LEFORT, IMPRIMEUR, ÉDITEUR
A. TAFFIN-LEFORT, SUCCESSEUR
rue Charles de Muyssart, 24
LILLE

ÉVÊCHÉ

DE

LUÇON

MONSIEUR ET CHER CURÉ,

Votre ouvrage : **Chrétiens illustres au XIXe siècle**, est une œuvre d'apologiste dont je vous félicite.

En vous lisant, les chrétiens convaincus verront avec une sainte joie des cœurs d'élite, des esprits supérieurs apporter à nos croyances l'hommage de la science et de la vertu, et ceux que l'incrédulité a plus ou moins atteints, reconnaîtront combien est absurde le préjugé, toujours si répandu, que la foi et la raison sont incompatibles.

Ils apprendront que, si les âmes médiocres refusent de soumettre à l'enseignement divin leur intelligence orgueilleuse, les âmes les plus nobles prouvent, au contraire, par leurs convictions et par leur vie, qu'il est souverainement raisonnable de croire.

Je fais des vœux, cher Monsieur le Curé, pour le succès de votre livre.

Agréez, avec mes félicitations, l'assurance de mon affectueux dévouement en Notre-Seigneur.

CLOVIS-JOSEPH,

Évêque de Luçon.

AU LECTEUR

Il est beau, il est souverainement consolant de voir, depuis bientôt dix-neuf siècles écoulés, que les plus fermes esprits, les génies les plus puissants se sont inclinés avec respect et amour devant cette religion divine que Jésus-Christ est venu révéler au monde.

Il est beau d'évoquer cette grande lignée de poètes, d'orateurs, d'écrivains, d'artistes, de philosophes, d'hommes de guerre, de princes, de pontifes et de saints qui, à toutes les heures de l'histoire et dans toutes les générations, ont rendu à la Vérité un éloquent et perpétuel témoignage.

Ces hommes forment vraiment l'élite de l'humanité. On fatiguerait le lecteur si l'on voulait dérouler ici cette liste magnifique des grands cœurs, des grands esprits, des grands génies du Christianisme. Il faudrait repasser l'histoire entière, et allant de saint Augustin à Boèce, de saint Thomas d'Aquin au Dante, de Charlemagne à saint Louis, du Camoëns à Raphaël, de Bayard à Turenne, de Pascal à Bossuet, de Corneille à Chateaubriand, de Mozart à Gounod, de saint Vincent de Paul à Lacordaire, reconstituer toutes les étapes et toutes les gloires des soixante et quelques générations passées.

Nous préférons nous en tenir à ce siècle, qu'on a appelé le siècle des lumières, et n'interroger que les hommes qui ont brillé, à des titres divers, dans notre temps. Leur témoignage, pour être plus actuel, n'en sera ni moins solennel, ni moins concluant. Or, n'est-ce pas un consolant et fortifiant spectacle de constater que presque aucun de ces puissants esprits qui ont marqué leurs traces dans le dix-neuvième siècle n'a passé au milieu de nous sans rendre, soit dans sa vie, soit dans sa mort, au Christ Sauveur et à sa religion sublime, le culte public de sa foi et de ses humbles adorations.

L'exemple est une leçon puissante, et il est bon de la présenter aux jeunes gens, qui entrent à peine dans la vie sociale, aux hommes distraits de ces hautes questions religieuses par les préoccupations des affaires et le bruit, parfois les clameurs d'une certaine presse, qui voudrait faire et représenter l'opinion, en essayant de prouver que la raison et la science ont besoin de se séparer de la foi pour conserver leurs droits et leur fécondité.

La raison séparée de la foi! Trop souvent nous l'avons vue à l'œuvre, et elle montre bien ce dont elle est capable : faire des orgueilleux et des révoltés. Elle offre le perpétuel contraste de son orgueil et de ses faiblesses, de ses audaces et de ses impuissances. D'erreur en erreur, elle nous ramènerait, si seule elle gouvernait la société, à la licence la plus honteuse et à une barbarie plus ou moins savante.

Quand, se livrant à l'étude des forces de la nature, la science reste dans la tradition des grands savants chrétiens dont les siècles passés ont consacré la gloire; quand la recherche des secrets de la matière ne la détourne pas de la lumière surnaturelle; quand, en découvrant quelques-unes des lois qui régissent le monde physique, elle reconnaît celles qui régissent le monde moral et s'incline devant le Créateur et l'Ordonnateur de ces harmonies, c'est la vraie science, la science vaste et féconde, la science qui ouvre des horizons à l'esprit humain et ne creuse pas des abîmes. Elle remplit merveilleusement son rôle en favorisant le mouvement de l'humanité vers Dieu.

Mais la science séparée de son principe, la science athée et matérialiste, la science qui ne voudrait pas croire en Dieu parce qu'elle ne l'a pas touché comme un organe matériel, cette science est fausse, mutilée et incomplète; le coup d'aile lui manque pour s'élever et porter les esprits vers Dieu.

La séparation de la science et de la foi, tel est le but vers lequel tendent les savants incomplets; l'accord de la raison et de la foi, voilà où tendent les penseurs chrétiens. Grâce à Dieu, dans notre siècle si sensuel et si matérialiste par tant de côtés, nombreux encore sont les savants qui se font gloire de rechercher dans les vérités de la foi un point d'appui pour leurs élans, un point de repère dans leurs recherches et leurs travaux, une barrière contre la fougue de la raison. Aussi bien, sommes-nous heureux et fiers de nous retrouver dans la société des esprits vraiment intelligents de cette fin de siècle, de les montrer au monde chrétien et de marcher en leur société vers les destinées éternelles.

Déjà, dans un ouvrage précédent (1), *nous avons admiré cette pléiade d'hommes distingués par leur situation, leur science et leurs talents qui, dans ce siècle, ont voulu s'inspirer de la foi et embrasser ses croyances. Nous présentons ici un nouveau tableau d'une vivante actualité, en faisant revivre ces figures de nos contemporains, disparus depuis peu de temps.*

Ce spectacle nous a fortifié. Puisse-t-il exercer la même influence sur nos lecteurs! Et alors chacun d'eux pourra dire avec le poète :

C'est peu de croire en toi, bonté, beauté suprême,
Je te cherche partout, j'aspire à toi, je t'aime!
. . . .
. . . .
Soleil mystérieux, flambeau d'une autre sphère,
Prête à mes yeux mourants ta mystique lumière!
Pars du sein du Très-Haut, rayon consolateur!
Astre vivifiant, lève-toi dans mon cœur! (2)

En la fête de sainte Marie-Madeleine, 22 Juillet 1892.

A. BARAUD

Prêtre du diocèse de Luçon.

(1) *Chrétiens et Hommes célèbres au XIX*e *siècle,* 3 vol. in-12, illustrés, chez l'auteur, à la Caillère, Vendée. — Voir aussi : *Artistes, littérateurs et savants au XIX*e *siècle,* gr. in-8° illustré, chez Lefort, Lille.

(2) *Lamartine.*

CHRÉTIENS ILLUSTRES

AU XIXe SIÈCLE

MARINS ET SOLDATS

AMBERT

DÉPUTÉ, GÉNÉRAL, LITTÉRATEUR.

(1803 — 1890)

> « Il est mort en fervent chrétien, gardant jusqu'au seuil de l'éternité cette fière et grande allure qu'il avait dans une vie sans reproche, « chargée d'ans et d'honneurs. »
>
> (A. P.)

Dans l'une des anciennes maisons de la rue Jacob, qui semblent un coin de la province en plein Paris, s'éteignait en 1890, un grand nom militaire, vaillamment et noblement porté. Le général baron *Joachim Ambert*, le conteur aimé de tant de récits émouvants, mourait à quatre-vingt-sept ans, en fervent chrétien, gardant jusqu'au seuil de l'éternité cette fière et grande allure qu'il avait dans une vie sans reproche, « chargée d'ans et d'honneurs. »

Sa verte vieillesse faisait l'admiration de tous ceux qu'attirait sa réputation d'écrivain et que captivait son exquise bienveillance. On semblait, en effet, se retrouver en présence d'un survivant d'une autre époque, et cependant personne n'était mieux au courant des évènements de notre temps, que le général Ambert.

Lui-même disait avec le fin sourire qui souvent éclairait sa physionomie d'une énergie douce mais un peu triste :

— Je n'ai jamais connu l'oisiveté.

Le général a toujours combattu, toujours travaillé. Après avoir remis l'épée au fourreau, sa main infatigable avait repris la plume, et dans de nombreux travaux militaires ou historiques, il avait encore bataillé.

Le général Ambert fut un des officiers les plus distingués de l'armée. Sa carrière militaire datait de 1822. Né en 1803, fils d'un général de la République, élève brillant de l'École militaire à seize ans, officier d'artillerie à vingt, il était lieutenant en 1830, colonel en 1854, et devint général de brigade en 1857. Ce valeureux soldat fit neuf campagnes en Espagne, en Belgique et en Algérie.

C'était l'une des dernières physionomies survivantes de l'ancienne armée, celle à qui l'expédition d'Espagne sous la Restauration, puis celles de Belgique et d'Algérie avaient réappris la confiance et redonné le secret des victoires.

Mais c'est surtout comme écrivain que le général Ambert s'est fait connaître et aimer du public. Pendant de fréquents congés, il parcourut l'Europe et l'Amérique, séjourna en diverses colonies, commençant à écrire. De retour en France, il donna de nombreux articles d'histoire et de fantaisie au *National*, au *Courrier français*, au *Siècle*, etc. Il a, en outre, à cette époque, publié des *Esquisses historiques*, la *Colonne Napoléon et le Camp de Boulogne*, *Éloge du maréchal Moncey*.

En 1848, Joachim Ambert se crut appelé à jouer un rôle politique. N'étant encore que lieutenant-colonel, il fut élu par ses compatriotes député du Lot. Réélu à l'Assemblée législative en 1849, il résigna son mandat pour rentrer dans le service actif. Né soldat, il voulait demeurer soldat : la politique, au reste, répugnait à ses goûts d'homme de plume et d'épée (1). Depuis trois ans, le général était au cadre de réserve quand éclata la guerre de 1870. L'ardeur militaire et patriotique n'était pas éteinte en son âme : il vint offrir ses services au ministre de la guerre et obtint le commandement du cinquième secteur des fortifications de Paris.

Mais au 4 septembre, suspect comme impérialiste et comme chrétien pratiquant, il fut injustement dépouillé de cet honneur par le gouvernement provisoire.

M. Gaston Calmette rapporte ainsi un incident de cette époque; le général n'avait pu l'oublier : « Paris était assiégé; le général Ambert se trouvait avec son état-major au poste du boulevard Malesherbes, quand des mobiles arrivèrent, le sommant d'acclamer les hommes de la Défense nationale. Le général, entouré et tiraillé par ces soldats, qui étaient nombreux, eût été leur victime sans l'intervention énergique de ses officiers. Cependant la foule

(1) Par un décret du 6 mai 1866, le général fut nommé conseiller d'État en service ordinaire.

l'entraîna jusqu'au ministère de l'intérieur pour le livrer au gouvernement et le faire juger : dans le trajet, ses décorations lui furent enlevées, son uniforme mis en lambeaux, ses cheveux et sa barbe arrachés. A la place Beauveau, Gambetta étant absent, on fit appeler M. Jules Ferry qui reçut le prisonnier de l'émeute et le fit entrer dans une salle du ministère. Puis, on apposa les scellés sur la porte de cette prison.

» C'était l'unique moyen de le sauver. »

Terminons les récits de cette triste époque par une anecdote dont le général Ambert fut le héros.

« C'était après le 4 septembre. Le général se trouvait un soir, à la table d'hôte d'un hôtel d'Orléans, en face d'Étienne Arago.

» Tout à coup le général, s'adressant à un de ses voisins :

» — On vient, dit-il, de nommer comme membre de la Défense nationale cet imbécile d'Étienne Arago.

» Le général n'avait pas fini de parler que son voisin lui marchait doucement sur le pied.

» — Qu'est-ce que vous avez donc à m'écraser l'orteil ? dit brusquement Ambert.

» — Mais, répliqua l'interpellé, Étienne Arago est en face de vous.

» — Eh ! pardieu, je le sais bien, et c'est pour cette raison que j'en parle ; Arago n'est qu'un vaudevilliste médiocre et un homme politique néfaste.

» Arago, ainsi interpellé, se leva :

» — Pardon, Monsieur, dit-il au général, veuillez donc un peu dire ce que vous reprochez à Étienne Arago.

» Alors éclata entre ces deux hommes une violente querelle. Le lendemain le général et Arago furent contraints d'occuper à l'hôtel la même chambre, la seule qui ne fût pas louée. Après s'être jeter des regards peu bienveillants, ils se mirent à causer, et, une heure plus tard, les deux adversaires de la veille étaient les meilleurs amis du monde.

» Quand, par la suite, on parlait d'Étienne Arago au général Ambert, celui-ci répondait invariablement :

» — Étienne Arago est un politicien médiocre ; il a fait de bien mauvais vaudevilles, mais c'est le causeur le plus charmant qu'on puisse rencontrer (1). »

Depuis la guerre, le général a collaboré à des journaux et des recueils assez nombreux. Il a publié divers essais historiques et des études morales, un *Traité sur l'artillerie* et une *Histoire de la guerre de 1870-71*.

Mais ce qui l'a fait connaître surtout comme écrivain chrétien, ce sont les pages si ravissantes qu'il a publiées à la gloire des héros de l'armée et du sacerdoce, dans l'*Héroïsme en soutane*, dans ses merveilleux *Récits militaires*, le *Chemin de Damas*, le *Pays de l'honneur*. Plusieurs de ces ouvrages, entre autres ses *Récits militaires* ont été couronnés par l'Académie française.

Les années n'ont point ralenti son ardeur au travail. Deux figures à ses yeux, personnifiaient le sacrifice : le soldat et le prêtre. Le soldat qui, pour sa patrie, abandonne la famille, la maison, la tombe de ses pères, laisse parfois sa vieille mère dans la misère, et timide devient

(1) *Sergines*. Ann. Polit.

courageux, allant mourir silencieux et résigné, sans connaître même la cause de la guerre. A ce type du dévouement, le général Ambert avait consacré des pages émues et nombreuses, et montré par des exemples le devoir militaire toujours entouré de grandeur, parce qu'il est sanctifié par le sacrifice. L'écrivain militaire aimait à jeter un regard en arrière pour distinguer dans la mêlée des derniers combats les vertus, les dévouements et tous les courages.

Il avait voulu montrer une seconde figure, animée du patriotisme le plus ardent et le plus pur, sanctifiée par des vues plus élevées : c'était celle du prêtre catholique. Ce prêtre lui apparaissait sous des aspects très divers.

Après une campagne de guerre, les gouvernements confient aux états-majors le soin de retracer les différentes opérations militaires exécutées par leurs armées ; après un voyage périlleux les marins rappellent les événements dont ils ont été témoins. Le clergé avait fait en 1870-71, comme le soldat une terrible campagne. Au retour, les rangs étaient décimés, de nobles cœurs avaient trouvé la mort sur les champs de bataille. En témoin véridique le général Ambert a voulu dire ce qu'il savait de ces courages, de ces dévouements, de ces martyrs : il a fait comme les états-majors et les marins dont le rôle est de rapporter les événements, de signaler les exploits, et il a su employer à cette belle tâche les dernières années de sa longue carrière. Il a fixé ces types valeureux et souvent héroïques dans son beau livre : l'*Héroïsme en soutane*, parvenu en peu de temps à la quinzième édition.

Enfin, vint la mort qui le surprit dans ces glorieux travaux. Malgré sa rapidité, le vieux soldat a demandé le prêtre, a reçu les sacrements avec une grande foi et a réclamé que le ministre de Dieu continuât à prier avec lui jusqu'à sa mort, arrivée une heure après. Sa fin a été celle d'un vrai chrétien.

Nous croyons faire plaisir à nos lecteurs en reproduisant ici deux de ses plus touchants récits. L'un sera intitulé : *pour Dieu;* le second, *pour la patrie*, deux amours qui se sont partagé la vie du baron Ambert.

« En 1856, Monseigneur D..., évêque de N***, et depuis archevêque, adressa un billet au général commandant le département. Le prélat désirait un entretien confidentiel, sans en laisser deviner le sujet. L'évêque et le général entretenaient des relations presque intimes, douces et pleines de confiance.

» Le général se rendit à l'évêché, où Monseigneur l'attendait, et lui raconta ceci :

» Un jeune dragon de la garnison se rendait à la cathédrale plusieurs fois par semaine et se promenait lentement. Parfois, il restait immobile, une heure entière, les yeux fixés sur l'autel ou sur quelque tableau du chemin de la croix.

» L'attitude de ce jeune homme était respectueuse et jamais un mot ne s'échappait de ses lèvres. Toujours debout, il ne s'occupait guère du commencement et de la fin des offices. Son esprit semblait ailleurs; le bedeau qui avait observé ce manège eut des soupçons de crime ou de délit. Il prévint le suisse, et tous deux firent bonne garde. Ne découvrant rien, ils informèrent un vicaire qui interrogea le soldat avec bonté et lui offrit même de s'asseoir.

» Le jeune cavalier répondit naïvement :

» — Je ne fais de mal à personne.

» Cependant la surveillance continuait, toujours sans résultat. Suisses et bedeaux, chantres et serpents commençaient à construire une foule d'histoires dramatiques.

» L'air honnête du jeune homme, sa tenue réservée, les signes de piété qu'il donnait naturellement et sans ostentation, rien ne pouvait rendre le repos à ceux qui le surveillaient.

Enfin, Monseigneur fut prévenu; après s'être assuré de la vérité des faits, et sans chercher à en mesurer la portée, il demanda l'appui de l'autorité militaire.

» L'évêque était contrarié : ami du soldat, il craignait de découvrir une faute grave, dont les suites porteraient atteinte à la considération militaire. Le général ignorait tout. Son étonnement ne fut pas moins grand que celui de Monseigneur D.... A l'instant même, il envoya un sergent de planton dans l'église, avec l'ordre écrit de conduire le soldat à l'évêché. Trois heures après, le général revenait dans le cabinet de l'évêque. En traversant la cour, il vit le sergent avec le cavalier : ce dernier était en proie à une vive émotion.

» Il parut devant le général et l'évêque. Agé de vingt-trois ou vingt-quatre ans, le visage imberbe, le regard doux et ferme, la tête découverte, ce jeune soldat sup-

Général Ambert

porta avec une sorte de dignité les regards qui cherchaient à scruter ses pensées.

» Après un court silence, le général lui dit :

» — Nous n'avons rien à vous reprocher mon garçon, vous n'êtes donc pas devant des juges. Seulement, nous voudrions, Monseigneur et moi, savoir bien franchement pourquoi vous passez ainsi à l'église quatre ou cinq heures de suite.

» — Pardon, mon général, je ne reste jamais que deux heures de suite et je suis debout.

» — Peu importe le temps, mon ami, peu importe votre attitude. Répondez sans crainte, que venez-vous faire en ces lieux?

» Le jeune soldat sourit, et s'adressant à l'évêque, dit avec une simplicité charmante :

» — Monseigneur, je suis le fils d'un pauvre vigneron sur les bords de la Dordogne. Je sais à peine lire et écrire. Au pays nous avons un bon vieux curé, qui le soir, après les travaux du jour, réunit dans un coin de l'église, les jeunes gens de seize à vingt ans. Les autres peuvent venir aussi, mais les hommes seuls. Le curé ne fait pas de sermon, mais il cause avec nous, s'informe de nos besoins, de nos projets, nous donne ses conseils, écoute nos misères, et reçoit nos promesses.

» Un soir, pendant les vendanges, il nous dit :

» — Mes enfants, faites toujours quelque chose *pour le bon Dieu*. Lorsque vos panniers sont remplis de raisin, donnez une grappe au pauvre qui passe.

» Si vous êtes menuisier, consacrez une heure de travail au bon Dieu en raccommodant un banc de l'église, la croix de bois du carrefour ou la table de la veuve. Quel que soit votre métier, il vous procure de l'argent, pas assez pour en donner c'est vrai. Mais, enfants, faites la charité de votre travail, tantôt un jour, tantôt un autre ; employez vos bras, vos mains, votre corps *pour Dieu*. Pendant ce travail vous penserez à lui qui vous verra et vous bénira.

» Votre âme en sera réjouie.

» — Voilà, Monseigneur, ce que nous a dit notre bon vieux curé. Au pays, je donnais ma grappe de raisin *pour Dieu;* mais au régiment, que pouvais-je donner?

» Un jour, je me suis dit : Je donnerai à Dieu quelque chose de mon métier de soldat : une faction.

» Je suis donc factionnaire dans la maison de Dieu; pendant deux heures, debout et silencieux, je veille en songeant à ma consigne.

» — Quelle consigne? dit le général avec bonté.

» — Mais celle que Dieu m'envoie chaque fois, et qui arrive à mon âme souvent par la prière; souvent aussi par la voix de l'orgue, mais presque toujours par le majestueux silence de l'église ; je suis là *pour Dieu* et mon vieux curé doit être content. »

L'évêque se leva, et prenant les mains du jeune homme, l'embrassa sur le front. Celui-ci parut surpris, tant son âme était naïve, son cœur simple et son esprit élevé.

Cette histoire est vraie : elle renferme une leçon pour chacun de nous. Pourquoi ne travaillerions nous pas, au moins quelquefois, uniquement *pour Dieu?*

Imitons ce jeune paysan qui donnait sa grappe de raisin

pour Dieu, et qui, devenu soldat, faisait faction *pour Dieu.* Il servait Dieu par l'immobilité; on peut le servir par l'activité. »

« Au début de la dernière guerre, une forte colonne française arriva dans un village de Lorraine. Cette troupe se dérobait aux poursuites de l'ennemi par une marche rapide et cherchant à rejoindre le corps d'armée dont elle faisait partie. Le pays, boisé et accidenté, rendait la retraite périlleuse, tandis que le manque de renseignements sur les forces et les positions des Allemands imprimait aux mouvements des Français un caractère d'indécision qui ressemblait au découragement.

» En entrant dans le village, le général français Cambriels arrêta sa troupe et manda les autorités. Le maire et les habitants s'étaient éloignés. Seul, le curé demeurait à son poste avec quelques infirmes hors d'état de supporter les fatigues. Le curé, M. Pontac, parut donc devant le général qui, une carte sous les yeux, étudiait le terrain.

» Cette carte, de petite dimension et fort incomplète, laissait l'état-major dans l'incertitude.

» Lorsque le curé parut, le général ne chercha point à dissimuler son désappointement.

» Le général devina cependant dans la physionomie du prêtre une grande intelligence.

» Jeune encore, mais fatigué par la guerre, le général s'assit sur un banc de bois devant une table, sur la grande route même; près de lui, le vieux prêtre prit une place. La carte du pays était sous leurs yeux.

» — Nous allons, M. le curé, tenir un petit conseil de guerre, vous et moi, dit le général en souriant.

» Le curé prit sa tabatière, l'ouvrit lentement et, savourant une prise, reprit gaiement :

» — Je pourrais, général, vous rappeler que l'histoire nous a montré souvent que l'Église éclairait les conseils des souverains de la terre et indiquait à leurs armées le meilleur chemin. Mais allons au plus pressé. Quel est votre but, général? D'où venez-vous? Où allez-vous? Cherchez-vous le combat ou voulez-vous l'éviter?

» Le général répondit à ces questions avec une pleine et entière confiance. Le curé, prit un crayon et traca des lignes sur la carte, puis, après un moment de silence, il dit au général :

» — L'ennemi est à vingt ou vingt-cinq kilomètres d'ici, au point que j'ai indiqué par un A; il ne sera pas sur vos talons avant demain matin. Votre troupe est fatiguée, elle peut donc se reposer, mais pas dans le village, qui est dominé de tous côtés par des hauteurs. A trois kilomètres, en suivant la route, au sommet de cette petite côte, vous trouverez un plateau que contourne la rivière et qui forme une presqu'île boisée : vous y serez en sureté. L'ennemi, pour vous suivre, abandonnera la grande route, qui est plus grande que la traverse et qui exige un passage de pont, comme vous l'avez vu. Craignant que le pont ne soit détruit, le Prussien se dirigera par les bois, suivant la ligne AB. Il débouchera donc demain matin en B, où nous sommes. Dès qu'il paraîtra vous entendrez le tocsin de mon église. Les vingt ou trente soldats que vous aurez laissés dans le village se retireront sans tirer un coup de fusil, non par la route, ce qui indiquerait votre direction, mais par le sentier BC. De votre côté, vous quitterez la grande route et vous prendrez à gauche, au point D, où se trouve l'auberge du *Cheval-Blanc*. Vous vous éloignerez ainsi de l'ennemi et placerez entre vous la rivière EF, qui n'a pas un seul gué. Votre marche sera masquée par des collines. Le soir, vous aurez rejoint votre corps d'armée. Je vais maintenant vous indiquer les maisons du village où vous trouverez ce qui est nécessaire à votre troupe. Je prendrai note de ce que vous enlèverez et vous me signerez un reçu; mais pas de désordre, je vous en supplie, et respect au bien d'autrui; tous les habitants contribueront à la dépense dans la mesure de leurs ressources, car il faut que nos défenseurs vivent.... D'ailleurs, ajouta le curé en prenant une nouvelle prise de tabac, d'ailleurs les Prussiens devant nous piller demain, il ne faut pas être trop avare aujourd'hui.

» Après un moment de silence, le prêtre reprit :

» — Vous allez, Monsieur le général, me donner quatre soldats. Deux seront placés dans le clocher pour observer les horizons; les deux autres s'embusqueront avec moi, aux abords du village, près de la fontaine de la vieille chapelle. Nous serons donc trois aux avant-postes. Choisissez des gaillards déterminés, insensibles au froid des nuits et aux tentations du sommeil; donnez-moi des soldats à toute épreuve, car je ne sais trop ce qui nous attend.

» — Mais, Monsieur le curé, s'écria le général, vous êtes un héros!

» — Les séminaires sont pleins de héros de ma sorte, et les casernes aussi, Monsieur le général; aimer son pays n'est pas de l'héroïsme.

» Le général tendit la main au curé et le considéra respectueusement.

» Celui-ci sourit avec simplicité et, du ton le plus naïf, prononça ces paroles :

» — Lorsque vous aurez donné vos ordres, Monsieur le général, et que nous aurons fait la distribution, je vous conduirai à la cure, et vous y trouverez une bonne omelette, un poulet rôti et du vieux vin de Bar. Tous les héros n'en ont pas autant, et souvent M. de Turenne aurait donné quelques branches de laurier pour une omelette.

» S'appuyant sur sa canne de jonc, précieux souvenir de son prédécesseur, le vieillard s'éloigna.

» La nuit fut longue et froide.

» Sous un hangar couvert de chaume, trois hommes veillaient, prêtant l'oreille au moindre souffle, interrogeant l'espace du regard, et courbés derrière des fagots de sarments.

» Le silence régnait sous le hangar; on n'entendait que le faible murmure du vieillard qui priait Dieu. Vers trois heures du matin, un grenadier dit :

» — Ils ne viendront peut-être pas les brigands! Le moment serait bon pour filer.

» Quelques minutes après, le curé posa sa main sur

l'épaule du soldat et lui indiqua du doigt un point presque invisible dans la profondeur de la forêt. A cent mètres du hangar, de grands arbres formaient un vaste cercle. C'était le bois de Fontaine, si connu dans le pays. Une large tranchée traversait la forêt et formait une route praticable aux voitures. Mais, en ce moment, la tranchée était libre, et le regard en pouvait sonder la profondeur. Les soldats ne voyaient donc rien que les arbres immobiles et les buissons agités par la brise du matin.

» — Voyez, dit à voix basse le curé, ils marchent courbés derrière le tronc des chênes.

» Ils s'arrêtèrent pour écouter :

» — Je ne vois rien, dit un grenadier.

» — Ni moi non plus, dit l'autre.

» — Ils se réunissent, reprit le vieux curé, et vont prendre leur course.... Voici un officier qui leur parle à voix basse. Il est temps de sonner.... Vous, mes enfants, allez sans bruit et sans vous montrer. Que Dieu vous protège !

» — Nous ne voulons pas vous abandonner, Monsieur le curé ; que deviendrez-vous?

» — Moi, mes enfants, je suis vieux et infirme ; le bon Dieu disposera de moi. Mais l'ordre de votre général est de vous retirer au son de la cloche, obéissez.... Je vous bénis.

» En prononçant ces paroles, le prêtre fit entendre le son argentin de la petite cloche, et le tocsin y répondit du clocher de l'église.

» Des coups de feu retentirent.

» Le curé s'agenouilla, fit le signe de la croix et n'eut que le temps de prononcer ces mots : « Notre Père qui êtes aux cieux.... » Une balle l'atteignit et il tomba. La colonne française s'éloigna sans avoir perdu un seul homme. Le soir, elle rejoignait son corps.

» Hâtons-nous d'ajouter que le prêtre n'était pas mortellement atteint.

» Les Prussiens le transportèrent sur un fourgon. Traduit devant un conseil de guerre, pendant sa convalescence, il fut condamné à mort pour crime de trahison envers l'armée allemande. Sa peine, à cause de son grand âge, fut commuée en emprisonnement.

» Conduit en Allemagne, il y rencontra, dans une petite ville, le général qui le croyait mort. Le prêtre s'approcha du soldat et lui dit en riant :

» — Comment avez-vous trouvé mon omelette?

» — Vous êtes un héros, répondit le général.

» Et ils se précipitèrent dans les bras l'un de l'autre. »

Le général Ambert fut nommé, par l'Empire, commandeur de la Légion d'honneur.

Il était le beau-père de M. Demange, le grand avocat du barreau de Paris, et l'oncle du baron Dufour, ancien député du Lot.

DESFOSSÉS (Romain)

AMIRAL, MINISTRE, SÉNATEUR.

(1798 — 1864)

« Je suis tranquille, Sire, et vous ne voudrez pas vous suicider. »
(L'amiral Desfossés à Napoléon III.)

La Bretagne a donné naissance à Joseph-Romain *Desfossés,* devenu amiral et sénateur : c'est dire que l'enfance de ce marin fut chrétienne. Entré au service en 1817, le jeune marin était enseigne de vaisseau en 1819 et capitaine de frégate en 1841. En 1844, il fut chargé du commandement de la station navale de Bourbon et de Madagascar. L'année suivante, il avait entrepris une attaque contre Tamatave, d'où la reine Ranavolo avait proscrit tous les étrangers. Il y débarqua des troupes, canonna inutilement cette ville et dut se retirer avec des pertes sensibles, car les moyens d'action mis à sa disposition étaient loin d'être en proportion avec l'importance de l'entreprise ; mais le vaillant capitaine avait rempli courageusement son devoir. En vain, pour réparer cet échec, reçut-il l'ordre d'armer d'autres vaisseaux ; à peine la Chambre des députés était-elle saisie de l'affaire, qu'elle désapprouva l'expédition. Il fallut l'abandonner.

Cependant cet essai de campagne avait suffi pour faire apprécier les mérites de M. Romain Desfossés, et en 1847, le grade de contre-amiral lui fut conféré. Cette nouvelle combla de joie son ami de Plas, qui, après avoir rempli une brillante carrière, devait se faire religieux (1).

Une étroite amitié unissait les deux vaillants marins, et, bien que le contre-amiral fût d'un grade supérieur à celui de de Plas, il traitait son ami comme un égal. Nobles natures qui trouvaient dans ces liens intimes le courage de persévérer dans le bien! Devenu préfet maritime de Brest, l'amiral ne pouvait oublier son ami, et le faisait nommer, en 1848, membre du Conseil de l'amirauté. De Plas, effrayé de cette responsabilité, va trouver Desfossés et demande conseil. Il écrit peu après à sa famille :

« J'ai consulté l'amiral Desfossés; mais il a tant de bienveillance pour moi, qu'il se réjouit de tout ce qui a l'apparence d'une bonne chance et m'en félicite. »

En 1849, les suffrages populaires d'une partie de la Bretagne s'étaient portés sur M. Desfossés, et l'amiral arrivait à Paris comme représentant du Finistère à l'Assemblée nationale. Un homme de cette trempe et de cette valeur ne pouvait passer inaperçu : immédiatement il fut question de lui pour le ministère de la marine.

Modeste et laborieux, l'amiral s'étonnait de cette attention et de ces honneurs. A son tour, de Plas insiste pour qu'il accepte :

« Je l'ai engagé à accepter, écrit-il, malgré sa répugnance et son extrême modestie ; j'espère qu'il n'hésitera pas à monter sur la brèche; il nous faut des hommes d'énergie, et je lui en crois. »

(1) On lira plus loin sa biographie.

M. Desfossés, alors souffrant, ne put cependant accepter un poste qui réclamait un travail acharné. Mais, quelques mois plus tard, on songea à lui confier une mission plénipotentiaire, pour laquelle il se croyait peu fait.

Un second lui étant nécessaire, il ne pouvait oublier le capitaine de Plas :

« Maintenant, mon digne ami, lui écrit-il, décidez vous-même, faites-le sans vous laisser influencer par le cœur, mais bien avec toute la raison que Dieu vous a donnée. Si vous vous liez à mon sort, j'en remercierai la Providence ; si vous prenez l'autre parti, je m'en réjouirai encore. »

Admirable abnégation ! qu'on ne retrouve que dans les hommes supérieurs et dans les saints. C'est bien l'homme de devoir, décidé à l'accomplir, même en sacrifiant les douceurs de l'amitié.

Tous deux allaient partir le 15 novembre, lorsqu'un changement de ministère vint remettre tout en question. On fit appel au patriotisme de l'amiral, et celui-ci, malgré de vives régugnances, n'écoutant que son dévouement, accepta le portefeuille de la marine. Son futur chef d'état-major, de Plas, renonçait également à l'expédition de la Plata pour suivre son ami au ministère et devenir son aide de camp :

« Décidément, écrit de Plas à sa mère, la Providence nous met à l'épreuve des honneurs : me voilà premier aide de camp de l'amiral Desfossés, qui continue à me traiter plus en ami qu'en subordonné. Sa nomination fait plaisir à toute la marine. J'aime à croire que c'est un acte de dévouement; aussi, je désire m'y associer autant que je pourrai. »

Un des premiers soins du nouveau ministre fut la préparation d'un projet de loi pour l'établissement de l'aumônerie de la flotte; et c'est son plus beau titre de gloire, à cause des bienfaits matériels et spirituels qui en ont été la conséquence pour nos marins.

Au reste, l'amiral fut puissamment aidé dans ce travail par son ami de Plas. Aidé de ce dernier et de quelques administrateurs supérieurs, le ministre de la marine fit entrer dans la commission des membres éminents du clergé français, tels que Mgr Parisis, évêque de Langres, et l'abbé Liberman, supérieur de la Congrégation du Saint-Esprit.

Pénétré de la nécessité de placer à bord de nos navires de bons prêtres, propres à doubler la valeur morale des équipages en les ramenant à la religion, l'amiral Desfossés avait arrêté dans l'article Ier de la loi, que tous les aumôniers seraient des ecclésiastiques appartenant à des congrégations religieuses; toutefois, les anciens aumôniers de la flotte étaient maintenus. Trois décrets rendus par ses soins en 1850 et en 1852, rendirent ce service obligatoire dans toute la marine. Les nombreux et heureux choix d'évêques opérés dans ces dernières années parmi les aumôniers de marine, disent assez la sagesse qui n'a cessé de présider à la composition de ce corps respectable et les services immenses rendus par l'amiral Desfossés pendant son trop court passage au ministère (1).

Une autre preuve de l'intérêt que le ministre portait à l'exercice du culte catholique, fut la mission prêchée par les Pères Jésuites aux bagnes de Toulon, de Rochefort et de Brest, qui dépendaient de la marine. L'excellent ministre montra la sympathie la plus vive pour ces saintes entreprises de l'apostolat, et témoigna à la Compagnie de Jésus toute l'obligation que lui avait son administration pour le bien opéré. Un Jésuite n'était pas pour l'amiral un épouvantail comme pour tant d'autres aujourd'hui.

Ce zèle pour les intérêts religieux se montra de nouveau lorsque le capitaine de Plas, de concert avec le lieutenant de vaisseau Marceau, conçut le projet d'équiper un navire pour le service des missions catholiques dans les diverses contrées du monde.

« Il y a des idées qui valent mieux qu'un trésor, écrit son ami. Celle que Dieu m'a envoyée hier est de ce nombre. Je concevais des projets magnifiques. Je pensais à tout ce qu'il faudrait prévoir pour une campagne de cette nature : qualité du bâtiment, composition de l'état-major et de l'équipage.... »

L'amiral partageait cet avis. Il avait compris qu'il appartenait à la France catholique de renouer toutes les traditions d'un passé glorieux, en se mettant à la disposition du Souverain Pontife, pour favoriser, avec la pro-

(1) Lorsque le général Changarnier fut révoqué de ses fonctions de commandant de l'armée de Paris et de la garde nationale, l'amiral quitta le ministère.

pagation de la foi, l'influence de la civilisation chrétienne dans tout l'univers. Ce renom de zèle valut plus tard à l'amiral un honneur et une charge importante.

Ce fut à la suite des événements d'Orient, où l'abbé Lavigerie, décédé cardinal, revenait de Syrie porter des secours aux chrétiens du Liban. Le digne prélat eut la pensée d'organiser un comité permanent pour recueillir des secours en continuant l'œuvre commencée.

Il venait de recueillir un million trois cent mille francs; il jeta les yeux sur l'amiral Desfossés pour présider la commission chargée de distribuer les secours. Puis, connaissant les relations intimes qui existaient entre lui et le commandant de Plas, le prélat écrivit à ce dernier, en juin 1861, le priant de vouloir bien être son intermédiaire. De Plas détermina facilement son ami à accepter la présidence d'une œuvre qui répondait si bien à la générosité de ses sentiments.

« L'amiral Desfossés, écrit le P. Mercier, nommé sénateur en 1855, avait su conserver, au milieu des faveurs impériales, toute l'indépendance d'une âme chrétienne. On s'en aperçut au moment de la question romaine, dans laquelle la droiture de son caractère et la délicatesse de sa conscience ne pouvaient approuver les tergiversations, et plus tard, la faiblesse d'un gouvernement qui pactisait avec la Révolution. L'amiral, du reste, ne faisait que rester fidèle à son passé. Ministre de la marine, il avait, le premier, demandé, sans l'obtenir, qu'on envoyât un bâtiment français à Civita-Vecchia, pour protéger le Pape contre le flot montant de la Révolution.

» Plus tard, après l'attentat d'Orsini, en 1858, Napoléon III, cédant aux instances et aux menaces des anciens « Frères et Amis, » manifesta l'intention de rappeler les troupes qui occupaient alors les États de l'Église. Informé de ce projet, M. Desfossés se rendit auprès de l'Empereur et le supplia de n'en rien faire. En même temps, avec une respectueuse liberté, mais avec hardiesse, il l'avertit de l'opposition que, le cas échéant, il se croyait en conscience obligé de faire devant le Sénat, avec toute l'énergie dont il était capable.

» — Mais, ajouta-t-il en prenant congé et tandis que l'Empereur lui tendait la main, je suis tranquille, Sire, vous ne voudrez pas vous suicider.

» Hélas! la résolution de Napoléon était arrêtée d'une manière irrévocable, comme on put le constater en écoutant le discours du trône, à l'ouverture des Chambres. L'amiral se vit donc obligé, comme il l'avait annoncé, de porter la question devant le Sénat. Il le fit sous forme d'amendement à l'adresse, et prononça dans cette circonstance un éloquent discours qui entraîna la majorité. Grâce au vote qu'il avait provoqué, la protection de la France fut assurée au Saint-Père jusqu'à nouvel ordre. L'énergique attitude de l'amiral et la franchise de son langage ne déplurent pas à l'Empereur, qui, peu de temps après, lui confia le commandement de l'escadre, le nomma grand'croix de la Légion d'honneur, après une leçon spontanément donnée au sultan du Maroc, et, en 1860, lui remit enfin le bâton d'amiral de France.

» Une part, dans cette conduite énergiquement chrétienne, revenait bien à l'ami de l'amiral Desfossés, au capitaine de Plas :

» Je viens d'écrire à l'amiral, écrivait celui-ci le 11 mars 1861, pour le féliciter, en ma qualité de chrétien, du nouvel amendement qu'il a proposé, de concert avec le général Gémeau, le duc de Padoue, etc. »

» Et l'amiral-sénateur de répondre aussitôt :

« J'ai suivi l'impulsion de mon cœur et de mes convictions ; en m'associant à cet amendement, *je crois* avoir fait acte de fidélité et de dévouement au chef de l'État. Tout le monde n'en juge pas ainsi, mais je m'en soucie peu, et l'approbation de ma conscience me suffit. »

Après avoir exercé le commandement de la division du Levant, l'amiral fut nommé président du Conseil des travaux de la marine. Il exerçait ces fonctions, ainsi que celles de sénateur, lorsque Dieu voulut le récompenser de son dévouement à la cause de son Église et de la générosité de sa foi. Au mois d'octobre 1864, le vaillant marin était à toute extrémité, et l'on avait perdu tout espoir de le sauver. Il s'éteignit doucement, après avoir reçu, dans les sentiments de la foi la plus vive, tous les secours religieux.

Ses obsèques furent célébrées militairement aux Invalides, au milieu d'un grand concours d'officiers de marine,

M. Desfossés jouissant dans son arme de l'estime universelle.

« Depuis le jour où le digne et regrettable amiral m'avait appelé à servir avec lui sur la *Belle-Poule,* écrivait de Plas le soir même des funérailles, je n'avais eu qu'à me louer de ses procédés. Placé auprès de l'amiral durant son ministère, je fus comblé de ses bontés et traité chez lui comme un fils. Puissé-je ne jamais oublier ce digne chef dans mes prières. Puissé-je surtout l'imiter dans ma petite sphère d'action ! »

Ces simples lignes, témoignage d'une sincère reconnaissance, disent mieux que la plus belle oraison funèbre, les sentiments de regrets qui remplissaient les cœurs au souvenir d'une vie si noblement dévouée au service du pays.

Peu de temps avant sa mort, l'amiral, après avoir reçu le Saint Viatique, avait fait publiquement cette belle profession de foi :

— Je crois, dit-il au prêtre qui lui demandait s'il voulait mourir en bon chrétien, je crois tout ce que croit et enseigne la sainte Église catholique, apostolique et romaine, et je me confie en la miséricorde de Dieu. »

Après les dernières paroles qui lui furent adressées, il ajouta d'une voix ferme et accentuée :

— Que la sainte volonté de Dieu soit faite.

DUMONT (Baron)

GÉNÉRAL DE DIVISION.

(1806 — 1889)

« J'ai vu l'Église de si près et je l'ai trouvée si belle, que j'en suis devenu amoureux. »
(Général DUMONT).

Ce vaillant soldat, qui fut un serviteur dévoué de la France et de l'Église, s'est éteint, les mains pleines de bonnes œuvres, en son domicile, près La Rochelle, le 15 octobre 1889.

Mais avant de dire ses vertus, résumons sa vie militaire.

Né à Saint-Martin-de-Ré, il était sorti de Saint-Cyr sous-lieutenant et incorporé au 35e de ligne, qui fut appelé à prendre part à l'expédition d'Alger. Le jeune officier assista aux combats de Staouéli et à l'héroïque défense de Blidah, où il prit une part brillante. Deux compagnies de son régiment y résistèrent à cinq mille Arabes. Fait capitaine adjudant-major, il est nommé, en 1845, officier d'ordonnance de Louis-Philippe. Ayant approché de si près, en cette qualité, de la famille royale, le capitaine Dumont conçut pour elle un vif attachement. Toujours les liens de la reconnaissance ont paru chers à ce noble cœur. Aussi, jamais, durant sa longue carrière, il n'a laissé passer une occasion de témoigner sa constante fidélité, et chaque fois que la mort vint frapper d'un deuil nouveau l'auguste famille dans son exil, l'ancien officier d'ordonnance écrivait au ministre de la guerre pour solliciter l'autorisation de se rendre aux obsèques. Invariablement cette permission lui était refusée, mais son devoir de fidélité était courageusement accompli.

De tels caractères sont toujours appréciés dans l'armée : aussi les sentiments bien connus du général Dumont n'ont-ils aucunement entravé sa carrière.

En 1848, nous le retrouvons sur les barricades du faubourg Saint-Antoine. Il était auprès de Mgr Affre, lorsque le vaillant archevêque de Paris fut frappé mortellement, et quelques instants après, le capitaine Dumont tombait à son tour, la poitrine traversée presque entièrement par une balle. Première blessure reçue pour la patrie, mais le sang du courageux soldat devait couler sur d'autres champs de bataille.

Envoyé comme colonel en Crimée, Dumont arrivait assez tôt pour prendre part à l'assaut final de Sébastopol. Aussitôt la prise de cette place, un décret de l'Empereur le nommait général, pour sa belle conduite devant l'ennemi. La campagne d'Italie lui valut le grade de général de division et de commandeur de la Légion d'honneur. Bientôt il recevait le commandement d'une brigade d'occupation à Rome et le titre de gouverneur de cette place. C'était à la fois un honneur et une marque de confiance.

Dans la Ville sainte, sa foi, jusqu'alors assoupie, se réveilla subitement. Il se sentit au cœur l'amour de Dieu et de son Église, en voyant de si près la majesté des cérémonies pontificales.

« J'ai vu, disait-il alors dans la naïveté de sa religion,

l'Église de si près, et je l'ai trouvée si belle, que j'en suis devenu amoureux. »

Le séjour de Rome exerce souvent cette fascination et cet attrait sur les esprits non prévenus. Le bon général ne put y échapper ; il ne le tenta point du reste, et n'eut jamais qu'à s'en féliciter. Pendant les trois années qu'il y résida, il sut, par la loyauté et la fermeté de son attitude, se concilier au plus haut degré l'estime et la confiance de Pie IX, qui, depuis, l'honora constamment de son amitié. Après cette date, le général fut rappelé en France en 1864, mais il ne devait pas tarder à revenir à Rome, où il avait laissé tant d'amis, pour rendre au gouvernement pontifical les plus importants services.

L'invasion des États pontificaux par les Garibaldiens ayant déterminé le gouvernement français à une nouvelle occupation de Rome, le général Dumont fut désigné pour commander la première division du corps d'armée rassemblé à la hâte à Toulon. C'est grâce à son activité (1) et à l'énergique initiative qu'il sut prendre, dans les limites de l'autorité dont il était revêtu, que sa première brigade (De Polhès) put arriver à temps pour dégager la petite armée pontificale, assaillie par des forces trois fois supérieures et assurer le succès de Mentana.

Le but de l'expédition était atteint, la division Dumont resta seule pour protéger les États pontificaux et assurer la liberté du concile du Vatican, jusqu'au jour où la France, envahie à son tour, rappela de Rome ses soldats,

(1) Et à celle de l'amiral de Guesdon, comme on le verra plus loin dans la biographie de ce dernier.

pour défendre la patrie. Le général Dumont fut envoyé à l'armée du Rhin. Il était à Sedan, dans la fatale journée qui devait ruiner toutes nos espérances de succès; il y combattit et fut blessé à la jambe dès le début. Il dut s'éloigner du champ de bataille, heureux d'échapper à l'humiliation qui attendait le reste de l'armée : l'ennemi le trouva étendu sur une civière et perdant son sang. Transporté sur la terre hospitalière de Belgique, le glorieux blessé y rencontra des cœurs pieux et dévoués qui pansèrent ses blessures. L'édifiant spectacle d'une famille chrétienne, dont il put à loisir contempler les vertus pendant ses six mois de convalescence, produisirent sur son âme déjà ébranlée une impression salutaire; il eut le bonheur de recouvrer la santé de l'âme et du corps, la souffrance ayant achevé ce que le séjour de Rome avait heureusement commencé.

Passé, après la guerre, au cadre de réserve, en 1871, le général Dumont s'était retiré près la Rochelle dans sa propriété du Port-Neuf. Mais là sa retraite ne fut pas oisive et stérile :

« Ce général, a dit plus tard sur sa tombe le colonel Vivier, avait une vaste érudition militaire. Il avait été appelé à s'entretenir avec les officiers généraux de toutes les armes et s'intéressait à tous les progrès. Les connaissances littéraires donnaient un grand charme à sa conversation. Dans sa retraite, il a continué à s'occuper des questions concernant l'armée. Il a écrit dans ses dernières années diverses notices sur la tenue, l'armement, le recrutement. Il a publié, en 1880, ses Souvenirs sur la campagne de Morée et sur l'expédition d'Alger.

C'est surtout dans ce dernier ouvrage que l'on peut juger des sentiments patriotiques et militaires du général Dumont. Quelques-unes de ces pages sont empreintes de tout l'élan produit par l'enthousiasme qu'il avait ressenti dans ses jeunes années, et, en même temps, elles contiennent des réflexions philosophiques et religieuses d'une haute portée, dignes d'une belle âme.

« Aux qualités militaires que possédait au plus haut degré le général baron Dumont, il joignait celles du dévouement, de la générosité et l'aménité de son caractère, » ajoute un autre officier supérieur.

Affectueux et sympathique avec ses amis, il était bienveillant pour tous ceux qui venaient lui exposer leurs souffrances ou invoquer l'influence de sa haute position dans l'armée. Ce n'est pas seulement aux souffrances physiques qu'il s'empressait de porter secours, il s'intéressait aussi aux souffances morales, souvent plus pénibles que les premières. C'est à ce noble penchant de son cœur que le village de Saint-Maurice doit le gracieux sanctuaire qu'il a fait construire.

Il s'est dit : C'est là que les pauvres viendront me donner un témoignage de leur reconnaissance, en invoquant en ma faveur la miséricorde de Dieu.

Tous ceux qui ont approché le général dans sa retraite ont pu apprécier cet homme de bien. On restait toujours sous le charme de sa grande bienveillance et de la largeur de ses idées. Fortement attaché à ses convictions religieuses, il a fait bâtir, il y a quelques années cette chapelle de Saint-Maurice pour honorer la mémoire des soldats de la Charente-Inférieurs, morts pendant la guerre de 1870-71, et dont les noms sont inscrits à l'intérieur de cette église, dédiée à saint Maurice, ancien soldat, martyr des premiers siècles du christianisme. Le général Dumont a fait don ensuite, de cette chapelle, à la ville de Rochefort.

Sa charité était inépuisable. Ses œuvres de bienfaisance sont innombrables, et toutes ne sont pas connues, car il aimait à cacher ses aumônes. Il donnait à pleines mains pour tous les besoins, et les pauvres allaient à lui avec confiance, assurés de recevoir, avec une abondante aumône, des paroles de consolation et d'encouragement. Aussi le souvenir de ces œuvres a dû adoucir les heures de son agonie.

On rapporte qu'une femme du monde sur le point de mourir était en proie à un profond chagrin et versait des larmes amères. La sœur qui la veillait en demande la cause à la pauvre malade, et celle-ci répond tristement :

— Voyez, ma sœur, j'ai les mains vides de bonnes œuvres et je vais paraître devant Dieu.

Plus confiant dans la divine miséricorde, le bon général n'a pas pleuré à son heure dernière, il s'est souvenu, pour appuyer son espoir en la bonté de Dieu, du bien qu'il avait fait dans ses dernières années.

Résumons les mérites du général en rappelant deux témoignages rendus en sa faveur. Le premier est celui du comte H. d'Ideville qui l'avait connu à Rome et qui en parle en ces termes :

« Le général Dumont qui commande la place de Rome est un officier distingué et énergique. Il ne cache point son attachement pour la cause du Pape. Le général simple et bon est très aimé dans l'armée. »

Le second témoignage vient de la personne chargée de faire une partie de ses aumônes :

« La charité avait fait élection de domicile chez lui. »

Aussi les misères qu'il avait soulagées, les heureux qu'il avait faits étaient représentés à son convoi par la Société des Apprentis-Ouvriers, celle des Arts-et-Métiers de La Rochelle, et par les milliers de pauvres honteux ou connus qui suivaient son cercueil.

De tels hommes laissent pour toujours après eux le souvenir de leurs bienfaits, et c'est de leurs œuvres que l'Écriture a dit : *memoria eorum non peribit,... opera illorum sequuntur illos,* leur mémoire ne meurt point, les œuvres qu'ils ont faites les ont suivis ou plutôt les ont précédés dans l'éternité.

DUPETIT-THOUARS

AMIRAL.

(1832 — 1890)

« Tout est difficile sans Dieu ; tout est aisé avec lui. » (Amiral DUPETIT-THOUARS.)

Au mois de mai 1890, la marine française faisait de solennelles funérailles au noble amiral *Dupetit-Thouars*, commandant en chef de l'escadre de la Méditerranée. En rade, les navires de la flotte, portant les pavillons en berne, mêlaient les salves grandioses de leurs canons aux marches funèbres et aux chants graves du triste cortège. La population de Toulon tout entière se pressait sur son parcours, s'associant aux regrets de nos braves marins et faisant, de ce grand deuil, le deuil de la cité toulousaine.

L'amiral appartenait par son père à cette famille Bergasse qui est à la tête du commerce maritime de Marseille et des œuvres catholiques de cette ville; par sa mère, il était le neveu du vice-amiral Dupetit-Thouars, qui, chargé par le gouvernement de Juillet de fonder une colonie aux Iles Marquises, eut la bonne inspiration de ne pas s'en tenir à la lettre de ses instructions, et obtint pour la France le protectorat des Iles de la Société, dotant ainsi notre pays, à Taïti, d'un des ports les meilleurs de l'Océanie et d'une position de première importance si l'isthme de Panama est jamais percé.

N'ayant pas d'enfant, le vice-amiral adopta son jeune

neveu et lui donna son nom. L'illustre marin, que la France vient de perdre, était aussi le petit-neveu de l'héroïque Dupetit-Thouars qui commandait le vaisseau le *Tonnant*, au combat naval d'Aboukir. Celui-ci venant d'avoir les deux jambes emportées par un boulet, se fit placer dans une baille de sable sur son banc de quart, et de là, continua de diriger le feu de son vaisseau comme s'il n'eût point souffert, et jusqu'à la perte totale de son sang.

Le petit-neveu de ce héros ne devait pas faire mentir les traditions de bravoure de sa race, dans lesquelles, il fut, d'ailleurs, élevé par les Oratoriens au collège de Juilly (1). A peine enseigne de vaisseau, le jeune officier se distinguait aux batteries de la marine devant Sébastopol. Au cours de cette dure campagne il fut blessé assez grièvement. Une première blessure, en 1855, l'atteignait sans pouvoir l'arrêter dans son service. A peine rétabli et rendu à son poste de combat il reçoit une seconde blessure et perd un œil, mais il y gagne avec la croix de la Légion d'honneur le grade de lieutenant de vaisseau. Il avait à peine vingt-quatre ans.

Sa carrière se poursuivit brillamment. Capitaine de frégate, aide-de-camp de l'amiral Rigault de Genouilly sur *la Bretagne*, il se signale de nouveau pendant une campagne dans les mers de Chine, par l'énergie et l'habileté dont il fit preuve lors de la grande Révolution Japonaise. Mais notre patrie qui avait besoin de ses services allait être

(1) En Seine-et-Marne. De ce collège, fondé en 1638, et dirigé jusqu'à la Révolution par les Oratoriens sont sortis un grand nombre d'hommes distingués.

témoin de sa bravoure. Au début de la guerre franco-allemande l'officier de marine est envoyé en Alsace, pour commander sur le Rhin, une flotille de canonnières. Malheureusement les revers de nos armées l'obligent à s'enfermer dans Strasbourg avec quelques officiers et ses marins, lorque déjà les fuyards y arrivaient en foule et que cette place fut investie par les Prussiens. Ces quelques marins, bien disciplinés sous un tel chef devinrent le noyau de la résistance qu'on s'empressa d'organiser dans Strasbourg et qui rendit les assiégés redoutables à l'ennemi. Aussi, lorsque cette ville se rendit enfin, un des premiers soins du général prussien fut-il de s'informer s'il restait encore des marins dans la place et il parlait d'eux avec admiration.

Blessé à la tête dans une sortie, Dupetit-Thouars était resté quand même à son poste : il fut cité à l'ordre du jour.

Après la capitulation, le commandant suivit ses hommes dans leur captivité à Rastadt, et s'y trouvant l'officier le plus ancien du grade, il s'occupa avec activité des prisonniers français dans cette ville, heureux d'obtenir par la dignité et l'énergie de son action qu'ils fussent aussi bien traités que possible.

Après la guerre, Dupetit-Thouars fut heureux d'être avec le R. P. Joseph, un des fondateurs de l'Œuvre des Prières et des Tombes, qui a contribué à donner, sur le territoire allemand, des sépultures chrétiennes à nos soldats et à fonder des messes pour le repos de leurs âmes.

Comme capitaine de vaisseau, cet officier supérieur commanda pendant trois ans le vaisseau-école de canonnage l'*Alexandre*, et remplit ensuite les fonctions de chef d'état-major du ministre de la marine sous l'amiral Fourichon, son oncle par alliance (1). Nommé contre-amiral en 1877, Dupetit-Thouars commandait la division navale du Pacifique sur la *Victorieuse*, quand il put rendre à la population de Lima, au Pérou, un service qu'elle n'oubliera jamais.

Un jour, les Chiliens, jusqu'alors victorieux, vinrent mettre le siège devant cette ville, la menaçant d'un pillage général. L'amiral mouillé sur la rade de Callao, à deux lieues de Lima, voyant le danger qui la menaçait, et n'écoutant que sa pitié pour tant d'infortunés, entraîna avec lui l'amiral anglais peu éloigné de là. Ces deux officiers supérieurs se transportèrent au camp de l'armée chilienne, et par leur habile et énergique intervention obtinrent une capitulation qui sauva Lima d'un pillage général.

Nommé vice-amiral, Dupetit-Thouars fut préfet maritime de Cherbourg, puis de Toulon, enfin il était appelé au commandement en chef de l'escadre d'évolution. Il fut maintenu dans cette charge pendant plusieurs années, à cause de son commandement intelligent et

(1) L'amiral Fourichon fut un brave chrétien : avant sa mort, il avait dit à sa dame : « Je ne veux pas qu'on convoque l'armée à mes funérailles, car je ne veux pas, moi mort, être cause d'un scandale, le soldat doit entrer à l'église, escorter le cercueil du vieux camarade. La présence des troupes au seuil de l'église seulement est inutile. Je n'en veux pas. » (Voir sa biographie dans la seconde série de cet ouvrage).

AMIRAL DUPETIT-THOUARS

énergique, du degré d'instruction où il amena les équipages, et de la confiance qu'il savait leur inspirer. C'était vraiment un entraîneur d'hommes et un homme de guerre : il n'a laissé que des regrets parmi ses officiers.

Nous n'aurions dit que la partie la moins glorieuse de la vie de ce marin célèbre, si nous bornions là nos renseignements. L'amiral était chrétien, mais un fervent chrétien, car, quand il s'était posé cette question : Dieu et le pays trouvent-ils leur compte dans tel acte à faire? et que sa conscience avait répondu affirmativement, rien ne pouvait l'arrêter dans sa résolution (1).

« Grand cœur, écrit le *Pèlerin*, âme droite, caractère résolu, intelligence élevée, l'amiral Dupetit-Thouars, était un *homme* dans l'acception du mot, un vrai chrétien, un chrétien sans épithète, sans condition, sans compromission, un chrétien croyant tout son *Credo*, pratiquant tous les commandements, sans ostentation mais sans crainte, et avec une véritable piété filiale pour l'Église. »

Pour la confession et la communion de tous les quinze jours, l'amiral se rendait à l'église en uniforme et après avoir fait sa préparation il entrait à la sacristie, où son confesseur l'entendait. Inutile d'ajouter que le lendemain à la table eucharistique, il était également en grand costume. Un jour, un personnage essaya timi-

(1) Il avait coutume de se confesser tous les quinze jours, ce qui ne faisait pas de lui un *ramolli*.

dement de lui dire que, pour accomplir ses pratiques religieuses, ce costume d'amiral n'était pas nécessaire.

— Mais, répond le marin *sans peur*, c'est le costume que je prends toujours, quand je me rends auprès de mes supérieurs.

Le personnage en question comprit qu'il ne devait pas insister.

« Me voici lancé encore sur la grande mer, écrivait le pieux marin, le 14 Septembre 1868, lors de sa mission pour Hokodaté, au milieu des dangers, des hasards. Sentant ma faiblesse, mon incapacité, du fond du cœur, j'adresse ma prière, mon cri de détresse, au Dieu tout-puissant, le priant de m'aider, de me diriger. Tout est difficile sans lui; tout est aisé avec lui. Tout est préoccupation quand on songe à sa personnalité, tout est simple quand on s'en remet à la volonté divine. La question est de savoir si l'on fait ce que l'on doit, Dieu nous donne le reste. »

Le 12 décembre 1888, un enseigne de vaisseau, Bernard de Nanteuil est tué avec quelques matelots, en service commandé à bord de l'*Amiral-Duperré*, A leurs funérailles, Dupetit-Thouars prononce quelques paroles. Ecoutons-les, elles portent la double empreinte du patriotisme et de la foi la plus ardente :

« La mort a fauché parmi nous : la terre va recouvrir les débris mutilés de nos camarades, et tout serait fini pour ceux que nous avons aimés, si l'homme n'avait un cœur et une âme.

» Leurs âmes à eux!... Ah! il suffit de jeter un

regard sur cette croix qui va abriter leurs restes, de se rappeler qu'ils ont trouvé la mort dans l'accomplissement du devoir, pour sentir qu'elles se sont envolées vers Dieu, et qu'elles y reposent en paix... »

Mais voici un épisode qui date de quelques jours seulement avant sa mort, et qui montre bien le chrétien sans respect humain, remplissant simplement son devoir sans s'occuper du *qu'en dira-t-on,* et sachant au besoin imposer à tous le respect de sa foi.

C'était au mois d'Avril d'avant sa mort, lors du voyage de M. Carnot qui se rendait en Corse. L'escadre avait fait ses évolutions : il était six heures du soir.

Sur la passerelle du *Formidable,* Président de la République, amiraux, ministres, les états-majors causaient avec animation.

Tout à coup, le roulement du tambour se fait entendre annonçant la prière du soir. Aussitôt Dupetit-Thouars se découvre et se tait. Tous l'imitent, la prière commence, se continue et s'achève dans un silence respectueux, tandis que le soleil descendait dans les eaux de la mer.

Et l'amiral racontant le trait à un ami, disait en souriant :

— Enfin, je leur ai fait faire la prière à tous.

Huit jours avant de mourir, au repas de noces de sa seconde fille, dans la vaste et imposante salle du *Formidable,* sur lequel flottait son pavillon de commandement en chef, à une table de quarante couverts, au milieu d'épaulettes et de broderies d'or, il faisait réciter tout haut le *Benedicite,* et traçait sur sa poitrine, constellée de décorations, un grand signe de croix.

Ce courage est plus rare peut-être que celui qui bronze les cœurs en face de la mort des champ de bataille. Dupetit-Thouars possédait l'un et l'autre; il les montrait avec simplicité, sans jactance comme sans embarras, tant l'atmosphère des grandes pensées était familière à son âme. Aussi quand la mort se présenta avec son cortège, d'ordinaire assez effrayant, il fut encore le même. Huit jours auparavant, il avait communié avec sa fille, à l'occasion du mariage de celle-ci, quand vint son heure heure dernière il était prêt. Il appela encore son confesseur, qui avait à peine le temps d'arriver pour lui donner les derniers secours spirituels, puis ayant serré la main de son vieux frère d'armes, le vaillant et catholique amiral Rallier du Baty, et dit un dernier mot à sa famille éplorée, l'amiral rendait son âme à Dieu. Avant de mourir, il avait demandé la pieuse compagne de sa vie pour la consoler :

— Ce qui m'arrive, lui dit-il, n'est la faute de personne. *C'est Dieu qui le veut, et ce que Dieu fait, est bien fait.*

Ainsi tombent nos soldats chrétiens, aussi braves devant la mort qu'ils l'ont été devant l'ennemi.

FOLLOPPE (ALFRED)

GÉNÉRAL.

(1817 — 1887)

« Qu'est-ce que l'esprit de l'homme, même d'un homme d'esprit, sans la vérité. »
(Général FOLLOPPE.)

Bien que ce nom semble indiquer une origine étrangère, la famille du *général Folloppe* est depuis longtemps française et normande.

Alfred Folloppe, né à Paris, eut le malheur de faire ses classes dans les collèges de l'Université, qui, à cette époque, avait le monopole de l'enseignement. Un officier en parle ainsi :

— Le poison du collège eut vite et longtemps raison de ma naïveté et de ma foi.

Il en fut de même pour le jeune Alfred. Plus tard, le général se complaisait à s'humilier et disait qu'au sortir des bancs universitaires, il avait mené « une vie de chenapan. » Sa mère se bornait à dire qu'il n'avait pas toujours été édifiant. On devine ce que cachent ces paroles. Jeune, beau cavalier, brave, plein d'esprit et de gaieté, tout souriait à sa jeunesse.

Capitaine à vingt-sept ans, il était allé bronzer ses galons en Afrique. En 1849, le capitaine Folloppe avait été mis à l'ordre du jour et félicité par le ministre de la guerre. La carrière militaire s'ouvrait devant lui facile et radieuse.

« Affable et de bonne compagnie, dit Léon Aubineau, il prenait des plaisirs du monde tout ce que sa main en pouvait atteindre, tout ce que son âge et sa condition pou vaient autoriser. Cette autorisation va loin quelquefois, on le sait. Ambitieux, d'ailleurs, aimant son métier, l'étudiant et le pratiquant avec ardeur, il ne se fût rien permis qui pût compromettre son avancement : il tenait à faire son chemin, et il partit avec joie pour Rome au mois de mai 1849. »

Depuis six mois, le Pape avait quitté cette ville, tombée au pouvoir de la Révolution. Mais les soldats de la France, fidèles gardiens du trône pontifical, arrivaient là, et parmi eux, Folloppe, avec le grade de capitaine. Le 2 juillet 1849, Rome révolutionnaire capitulait, et le Pape rentrait dans ses États. Dès que le Pontife Pie IX eut mis le pied sur son territoire, Folloppe fut désigné pour commander sa garde d'honneur.

La consigne du jeune officier était de rester auprès de la voiture pontificale. Quelque chose en outre l'y attirait, l'y retenait. Il était confondu et ravi de ce qui se passait autour de lui, éperdu aussi de ce qu'il sentait se remuer au-dedans de lui-même. Il contemplait le Pape et s'étonnait de se sentir gagné jusqu'aux larmes. Tout ce qu'il avait de généreux dans l'âme se soulevait et s'agitait au profond de son cœur. « Les vertus de son baptême, ces vertus qu'il ne connaissait pas et qui étaient endormies dans sa conscience, s'éveillaient, et pour ainsi dire, l'enchantaient. Il ne se possédait plus. Il n'oubliait pas sa consigne néanmoins.

» Un jour, escortant le Pape et sans le quitter des yeux, il démêla au milieu de la foule un groupe de garibaldiens de vilaine mine et de fâcheuses allures, isolés de l'enthousiasme général, et ayant plus l'apparence de railler et d'insulter que de se réjouir. Le capitaine, le sabre au poing, poussa vers eux son cheval d'un tel air et d'une telle furie, qu'ils ne l'attendirent pas et s'évanouirent pour ainsi dire (1). » On le comprend facilement, le capitaine Folloppe était heureux et fier de remplir ces fonctions auprès du Chef de la chrétienté.

Décoré de l'ordre de Pie IX, il quitta Rome au mois de juin, emportant au fond du cœur le trait qui l'avait blessé. Se rendait-il bien compte de ce qu'il avait vu dans cette ville, où l'on touche en quelque sorte la présence réelle de Dieu et de son Église ? Il avait vu, ou entrevu du moins, mais d'une façon certaine, le beau, le vrai, le grand, le divin ; il ne pouvait se le définir à lui-même ni analyser ses impressions, mais il les sentait profondément. Les lumières et les connaissances naturelles ne lui manquaient pas, et désormais il en savait assez pour démêler ce qu'il avait à faire.

Mais, quand l'esprit accepte la vérité religieuse, trop souvent le cœur s'y refuse, quand la grâce lui manque, la grâce donnant à l'âme la force de suivre la raison. Aussi l'officier ne doutait plus, mais il s'épouvantait des conséquences que sa croyance à la foi allait lui imposer. Oui, le brave soldat, le chevalier de Pie IX

(1) L. Aubineau. *Portraits et histoires.*

et de la France s'épouvantait. « Comment entrer et marcher dans les voies de la justice qu'il voyait devant lui ? Comment se dépouiller de tout ce qui, depuis qu'il se connaissait, avait été à peu près sa vie et lui semblait inséparable de son être ? Il entendait au fond de son âme le dialogue célèbre de saint Augustin. Chacune de ses passions, chacun de ses désirs l'interpellait à son tour, le tirait pour le prendre à part et lui dire : « Vas-tu nous congédier ? Veux-tu te passer de nous ? Ne sommes-nous pas partie intégrante de ton être ? »

Dans ce combat intérieur, la prière était devenue nécessaire. L'officier l'avait compris. Une invocation à la Sainte Vierge lui fut indiquée. La pureté du cœur y était demandée. La pureté ! le capitaine pouvait-il bien en comprendre l'excellence et la nécessité, lui qui jusqu'alors l'avait si peu connue ! Il essaya cependant de cette prière, et eut lieu de s'en étonner, se trouvant une force qu'il ne soupçonnait pas.

Enfin, la nature inférieure allait être vaincue. Voyant ses liens prêts à se dénouer, le soldat ébranlé n'eut plus d'objection : heureux et triomphant, il alla vers Dieu, se donna résolument, joyeusement, sans réserve, et Dieu ne fut point avare. « Le capitaine Folloppe se trouva inondé de lumières. Il eut encore des difficultés à vaincre, des obstacles à franchir : il ne s'arrêta pas pour si peu, et marcha de l'avant. Et comme la joie est d'elle-même expansive, le converti ne put garder son bonheur pour lui seul ; il voulait le communiquer à tous, et devint l'apôtre de ses camarades, de ses inférieurs, de ses supérieurs, de sa mère, de tous ceux qui lui étaient chers ou unis par les liens de l'autorité et de l'amitié. C'est qu'un grand cœur ne fait rien à demi, on le verra bientôt.

Dès maintenant, le capitaine Folloppe s'enrôla dans la milice de Jésus-Christ, et demanda à être affilié au Tiers-Ordre de la Pénitence, de Saint-Dominique. Il fit profession à Lyon et devint un Tertiaire exact et fervent.

Bientôt après, la guerre de Crimée était déclarée, et Folloppe arrivait sous les murs de Sébastopol. Là, comme dans la vie paisible de garnison, le capitaine ne cache pas ses idées religieuses et devient la providence de tous les soldats chrétiens, les convoquant pour leur parler de leurs devoirs et s'informer de leurs besoins. Dans ces réunions, sous sa tente d'aide-de-camp d'un général, les officiers de toutes armes se mêlaient aux simples soldats. On priait ensemble, on s'encourageait, on s'entretenait de Dieu et aussi de son âme. Comme on s'aimait, et comme la charité mutuelle s'ingéniait à en donner des preuves !

Le capitaine Folloppe prenait à tâche de leur démontrer que les soldats chrétiens devaient être les plus intrépides en face de l'ennemi.

« Une nuit, rapporte Léon Aubineau, on s'était battu aux tranchées, et un des capitaines d'infanterie qui fréquentait les réunions de l'aide-de-camp, ne rentra pas aux cantonnements. Folloppe courut à la compagnie s'informer de ce qui était arrivé.

— Ah ! notre capitaine ! il a été tué cette nuit, disent les soldats.

Il fallait alors lui rendre les derniers honneurs. On court à la recherche de son cadavre, on le chercha en vain, et bientôt on apprenait que le capitaine était dans la ville, prisonnier. La situation de prisonnier de guerre dans une ville assiégée est assez triste. Folloppe écrivit à son ami pour le consoler et l'engager à la résignation. Plus tard, à force de zèle, il parvint à l'enrôler dans le Tiers-Ordre ce prisonnier de Sébastopol. « Je lui résistai longtemps, écrivait celui-ci, à cause de la récitation de l'office, mais je cédai enfin. »

Les conquêtes religieuses n'empêchaient pas le brave capitaine de courir à d'autres combats et d'être le modèle des guerriers. Pendant cette terrible campagne de 1854 à 1856, le vaillant soldat prend part aux batailles de Balaklava et d'Inkermann. Blessé à cette dernière rencontre, il est décoré, puis nommé chef d'escadron après la prise de Sébastopol.

Le commandant était ferme sur la discipline.

Un jour, une sœur de charité lui demandait d'intervenir pour faire lever la punition d'un jeune soldat :

— Il a mérité sa peine, répond l'officier, il la fera.

La Sœur, qui connaissait bien le commandant Folloppe, ne laissa pas de trouver cette réponse un peu rude, mais elle avait été donnée de manière à couper court à toute insistance.

Rentré en France, le chef d'escadron n'abandonna point les soldats que sa parole et ses exemples avaient menés à Dieu comme à la victoire. Le noyau de piété formé en Crimée s'est maintenu pendant de longues années. On y trouvait, parmi ces militaires, des vertus éminentes. La discipline militaire, en effet, n'est-elle pas l'une des meilleures préparations à toutes les vertus religieuses ! Combien de ces soldats, leur service terminé, entrèrent dans les Congrégations les plus sévères, comme à la Trappe ou chez les Frères enseignants ou hospitaliers !

Combien différente était la vie du commandant Folloppe d'avec celle qu'il avait menée autrefois ! Il avait accepté à Paris la présidence d'une Conférence de jeunes gens, organisée entre les élèves de l'École préparatoire des Carmes. L'officier d'état-major était bien là l'homme qu'il fallait. Sa parole vibrante de conviction, et chaude par le cœur qui l'inspirait, savait charmer et enflammer tous ces jeunes gens, auxquels vinrent souvent se joindre des camarades d'épaulettes. « L'Église ! toutes les pensées, toutes les affections d'Alfred Folloppe, étaient concentrées sur l'Église, sa gloire, ses combats, sa vie, et les services qu'il faut lui rendre. C'est en l'honneur de Jésus-Christ qu'il voulait s'appliquer à la gloire de l'Église.... Avec sa prière, il avait ses paroles et ses exemples. Outre ses conseils, il répandait les bons livres de toutes parts. Sa pauvre bourse d'officier, grevée de tant de pensions, percée de tant de libéralités, s'ouvrait encore pour propager les bons livres.... Il revenait sans cesse à l'Évangile, il l'étudiait, le méditait et le pénétrait, cherchant toujours à connaître davantage les pensées et les grandeurs de son Maître et de son Dieu. » Ce pieux et docte militaire a même écrit sur l'Évangile des pages qui, au jugement d'un théologien, ont une valeur réelle et seront peut-être publiées un jour.

C'était bien l'homme de Dieu que le colonel Folloppe, mais l'officier supérieur était aussi l'homme du glorieux métier des armes qu'il étudiait à l'état-major de Tours, qu'il respectait et aimait avec passion. Ses soins ne s'étendaient pas seulement aux soldats fidèles à leurs devoirs religieux. L'officier visitait les soldats condamnés et s'appliquait par ses conseils et son zèle affectueux à réveiller en eux le sentiment du devoir. Tous les détails du service militaire, tout ce qui pouvait contribuer à la bonne tenue des troupes, à l'étroite et forte observation de la discipline, au bon esprit de l'armée, le touchait profondément. La discipline ne doit pas être simplement extérieure; elle doit atteindre les âmes, leur souffler et entretenir en elles un esprit de courage, d'obéissance et de vertu. La vertu militaire n'est pas un mot vague, il a un sens déterminé et signifie quelque chose. C'est la vertu militaire que le colonel Folloppe voulait faire pénétrer dans l'armée.

Pendant la terrible guerre de 1870-71, le colonel prit part aux combats de géants, qui furent livrés autour de Metz, et après la reddition de cette place il ne voulut

(1) *Aubineau.*

pas livrer les drapeaux du régiment : il les fit brûler. Puis, il dut partir avec ses hommes en captivité. La captivité était dure. « Livré aux Prussiens, hué dans les rues de leurs villes, mêlé à leur triomphe, et, douleur plus poignante encore, forcé d'assister, l'épée au côté, à l'agonie de notre pays, » dans cette douleur, il ne s'abandonna pas et resta fidèle à son drapeau, à sa vocation, aux hommes qu'il devait commander. C'est pour venger les prisonniers français des diffamations auxquelles ils étaient en butte que Folloppe écrivait ses *Réflexions d'un prisonnier de guerre*, dont Louis Veuillot encouragea la publication.

La captivité terminée, le chef d'état-major de la 18e division militaire revenu à Tours, reprit en même temps que les fonctions de son grade, ses habitudes de ferveur et de zèle. Il accepta d'être l'âme et le président de l'*Union catholique et sociale de la Touraine*. Œuvres de jeunesse et des écoles, des livres, de la presse ; œuvres militaires et ouvrières, pèlerinages, réparation, le colonel était voué à tout.

C'était le moment des discussions de la loi scolaire et de l'exécution des décrets : on devine la conduite de l'officier si chrétien au sujet de ces attentats : « La vraie liberté, disait le président de l'*Union catholique et sociale*, horripile nos maîtres. Ils n'en veulent ni pour eux ni pour nous, ni surtout pour ceux qui ont tout donné pour l'acquérir. Déclarons donc, de notre côté, et ne cessons de déclarer que la France ne sera pas libre tant qu'on n'aura pas rendu à ses enfants la plus française des libertés, celle de se dévouer pour les autres. »

Dans la situation militaire qu'occupait le colonel, il fallait un fier courage pour parler et agir en chrétien, en présence de l'impiété et de l'apostasie des gouvernants. Mais le brave officier ne craignait pas les foudres ministérielles. De toutes parts, le président de l'*Union* répandait sa parole avec ses largesses, et par son action bienfaisante il soulevait chaque jour davantage le pays qu'il atteignait. Il ne se bornait pas à parler à Tours, à présider la plupart des commissions, à susciter le zèle et l'ardeur d'un grand nombre, il contribuait à la création de nouveaux cercles militaires et ouvriers, à des œuvres de patronage, des écoles, des bibliothèques, des œuvres apostoliques. On ferait presque un volume de toutes les bonnes paroles que son zèle éclairé savait faire pénétrer si fort à propos : « Si vous voulez bâtir sans Dieu, vous travaillerez en vain, disait le colonel ; si vous voulez bâtir avec lui, il faut être vraiment à lui. Le service du démon demande moins d'abnégation. Ceux qui se plient à son joug n'ont aucun effort à faire : il suffit qu'ils suivent le penchant de leur nature corrompue (1), pour qu'il les assistent de tout leur pouvoir. Aussi voyez dans le parti de ses adhérents quel ensemble, quelle discipline, quel zèle pour détruire ! Si les habiles prennent les places, les dupes jouissent du succès comme s'il devait leur en revenir quelque chose. Pour tous, le titre de révolutionnaire tient lieu de vertu, de talent. Il permet de tout dire, de tout oser. »

(1) Rien n'est si vrai, c'est ce qui en explique le grand nombre.

Mais citons quelques-unes de ces belles pensées.

« Qu'est-ce que l'esprit de l'homme, même d'un homme d'esprit, sans la vérité? »

« C'est fâcheux pour la science et pour l'esprit, mais aujourd'hui, plus un homme est instruit, et moins on peut lui parler raison. Et plus il a d'esprit, et plus il en est entiché. Que c'est *bête!* Mais d'un *bête*, il est vrai, si ancré dans la nature humaine, que la prière et la mortification peuvent seules en avoir raison. »

« Il faut vivre comme l'oiseau sur la branche, nous efforçant de ne pas manquer à Dieu, afin que Dieu ne nous manque pas. Le bon Dieu ne nous fait pas défaut, même quand nous manquons à ce que nous lui devons. Combien ne vient-il pas à notre secours lorsque nous lui sommes fidèles! Dans les petits évènements, nous pouvons encore agir conformément à notre raison et user de nos petites industries humaines, quoique rien ne réussisse sans Dieu. Mais lorsque on est lancé sur la pleine mer et qu'on n'aperçoit plus que le ciel et l'eau, notre confiance ne peut plus être qu'en Dieu, et c'est justement ce qui fait notre salut. »

« On ne voit plus parmi les détenteurs de l'autorité que des suppôts de Satan et la liberté qu'ils laissent n'est que celle du mal. Quelle grâce le bon Dieu ne nous a-t-il pas faite, en nous séparant de ces malheureux et en nous donnant la foi! Faibles comme tous les fils d'Adam, nous n'avons pas au moins renié les promesses de notre baptême, et nous devons espérer que Dieu ne nous a pas retirés de ce monde maudit pour permettre que nous nous séparions de lui. »

« Je suis un homme condamné à toujours courir sans jamais arriver : une façon de Juif errant. Les jours s'enfuient comme des minutes, nos printemps deviennent des automnes, et le printemps éternel approche. Puissions-nous ne pas l'attendre trop longtemps quand nos automnes finiront? Dieu, j'espère, ne sera pas trop sévère pour les hommes de notre temps. Il en aura tant à mettre en purgatoire, voire plus bas, qu'il fera peut-être comme les chefs de gare. Quand il n'y a plus de places dans les troisièmes et dans les secondes, il fait monter en premières. Il me semble plus sûr néanmoins d'avoir un billet de première, mais c'est difficile. »

Mais reprenons la suite de notre biographie.

Lorsque, en 1860, le général Lamoricière, pour répondre au désir de Pie IX s'était voué à la défense du Saint-Siège, et que le Pape lui confiant l'organisation de sa petite armée avait béni la croisade sainte, le chef d'escadron Folloppe avait senti son épée frémir à son côté. Ses vœux, son cœur et sa piété le poussaient à se dévouer. Il aimait l'Église, il aimait Pie IX. La seule pensée d'appartenir à l'armée pontificale le comblait de joie. Mais se disait-il : est-ce que Dieu m'appelle là? Il consulta ses supérieurs ecclésiastiques. Il alla jusqu'au Pape. Pie IX s'informa longuement de l'officier qui voulait donner ses soins et sa vie au Saint-Siège et lui en témoigna une paternelle reconnaissance.

— Mais, dit-il, il fait du bien où il est!

Et après avoir encore réfléchi, il ajouta :

— Qu'il reste, qu'il attende!

Le commandant attendit, docile à l'obéissance. Ses amis s'étonnaient bien et demandaient comment il n'était pas dans l'armée du Pape, mais il évitait de répondre. Le généreux officier dut se résigner à demeurer loin des luttes entreprises pour le Vicaire de Jésus-Christ. Il dut saluer de loin l'héroique dévouement, le bonheur et la gloire des soldats de Mentana et de Castelfidardo. Ce lui fut une immense douleur.

Promu colonel en 1773, Alfred Folloppe était nommé général de brigade quelques années après, et en 1880 il prenait sa retraite, allant aussitôt demander l'hospitalité chez l'un de ses amis à Tours. Celui-ci, heureux de souhaiter la bienvenue au glorieux soldat, le désigna de suite comme chef de la défense que les religieux, Oblats de Marie, gardiens du tombeau de Saint-Martin comptaient opposer à l'exécution des néfastes décrets. Le général n'eut garde de refuser ce poste d'honneur, et on le trouva là, chez ces religieux persécutés, auprès desquels il avait passé la nuit précédente, lorsque les crocheteurs, armés de haches et de rossignols vinrent violer le domicile et la propriété de ces vrais Français.

Ce fut le général Folloppe, avec les insignes de son grade et la décoration de commandeur de la Légion d'honneur, qui le premier, dix pas en avant des religieux, affronta le préfet et ses séides. Les policiers confus eurent encore l'audace de mettre la main sur le vaillant général que les ennemis de la patrie avaient respecté jusque-là; ils le conduisaient dans la rue lorsque les soldats le reconnaissant se prirent à crier malgré la consigne : Vive le général Folloppe.

Cependant le général était entré dans sa soixante-dixième année.

Avec ses soixante-neuf printemps, il paraissait encore plein de force et de santé, lorsqu'au 14 septembre 1887 il fut pris de violentes douleurs qui, deux mois après, amenèrent la mort. La religion avait consolé ses derniers moments, comme elle avait fortifié et embaumé la plus grande partie de sa vie. La nouvelle de cette perte arracha un cri de douleur à tous ceux qui l'avaient connu plus intimement : « Si les vaillants quittent la terre, dit un de ses compagnons d'armes, elle ne sera bientôt plus habitable. »

C'est une vraie grâce et un véritable bonheur, dirons-nous avec M. Léon Aubineau, auquel ont été empruntés les éléments de cette notice, de rencontrer sur son chemin les amis du Seigneur; dans le triste temps où nous vivons, c'est surtout une fête et une espérance de rencontrer une âme trempée comme celle que nous avons essayé de faire connaître.

FONTANGES (de)

GÉNÉRAL DE DIVISION.

(1819 — 1890)

« Il croyait aux peines et aux récompenses d'une autre vie, et cette croyance est de celles qui inspirent un courage inébranlable. »
(Général DE MIRIBEL.)

« Ce général a vécu et est mort en chrétien, a dit de son compagnon d'armes le général de Miribel. Il croyait aux peines et aux récompenses d'une autre vie, et cette croyance est de celles qui inspirent un courage inébranlable. Il n'y a que les égoïstes et les lâches qui peuvent redouter la vie future. Nous ne vous disons pas adieu, général, mais au revoir? Le jour où nous serons appelés à donner notre vie pour la patrie, nous nous retrouverons dans le sein de Dieu. »

Ces fières et chrétiennes paroles nous reviennent à la mémoire au moment de résumer en quelques lignes la vie et la mort du général comte de *Fontanges de Couzan*, commandeur de la Légion d'honneur, décédé aux Andelys, en 1890. Cet officier supérieur était issu d'une noble et antique famille du Rouergue. Après de fortes études, il entra dans l'armée et prit part à la conquête de l'Afrique et aux glorieuses défaites de la guerre contre l'Allemagne en 1870-71, où il reçut d'honorables blessures. Général de division depuis 1874, Charles de Fontanges était admis à la retraite depuis 1880, quand la mort, après de longues souffrances, vint le frapper à la fin d'octobre 1890. Cette retraite n'avait point été oisive. Goûtant un repos bien mérité, mais répandant autour de lui les bons exemples avec les bienfaits de sa charité, il jouissait de l'estime générale des habitants de la contrée. Aussi, ses funérailles amenèrent-elles aux Andelys un concours inusité, et la vieille collégiale, qui sert d'église, ne réunit pas plus de fidèles aux grandes solennités. Au souvenir de ce général, un texte biblique s'impose à l'esprit. Ce texte, dont il faut changer les noms propres, le voici :

« Il y avait un homme, dans notre terre de France : il avait nom de Fontanges, et cet homme était simple et droit, craignant Dieu et s'éloignant du mal. »

D'autres parleront du vaillant capitaine, de ses campagnes, de ses hauts faits, de ses blessures, de ses dignités glorieusement conquises. Nous ne voulons parler ici que de l'homme chrétien. Et cet homme était simple et droit, car il n'avait qu'un but, le devoir, dont jamais on ne le vit s'écarter.

Sa rectitude était absolue. Il disait simplement : *Cela est*, ou *cela n'est pas*, et on subissait le prestige de sa parfaite droiture. Il craignait Dieu et n'avait pas d'autre crainte. Nos soldats l'ont vu, dans toutes les rencontres, calme devant la mort, uniquement préoccupé de remplir son devoir de soldat, partout et toujours. Le cœur du guerrier était réconforté par cette vaillance, sans forfanterie comme sans faiblesse.

« Nous aussi, s'écriait à ses funérailles une voix autorisée, nous nous sentions réconfortés par la vue de cet homme simple et droit. Nous sentions qu'en marchant sur ses traces, nous ne pouvions qu'être dans le bon chemin, celui de l'honneur. Il était plein de pitié pour les misères humaines et ne s'arrêtait pas à une stérile compassion. Personne n'a jamais été plus accessible à tous. Lui demandait-on aide et protection? Si la demande était juste, il donnait vite un appui qui ne se lassait pas. Le général ne se contentait pas d'une banale recommandation, il avait à cœur de faire triompher le droit et la justice.

C'était avec une vraie reconnaissance que le général remerciait Dieu de l'avoir béni dans sa famille. Sa longue et pénible maladie lui apparaissait comme le prix dont il fallait payer le bonheur que les siens n'avaient cessé de lui prodiguer. Dieu, qu'il servait comme les chrétiens des anciens jours, venait le consoler. Car le brave soldat recevait souvent la Sainte Eucharistie. A ceux qui le visitaient ces jours-là et qui s'étonnaient du calme avec lequel il savait souffrir, il se plaisait à dire :

— C'est qu'aujourd'hui j'ai reçu le grand Consolateur.

Notre pays, ajoutait un orateur, en perdant le général de Fontanges, perd une *force*. Tous ici nous le comprenons et le sentons. Tous nous nous associons au deuil de sa famille.

« Nous regardons avec sérénité cette fosse qui n'a pas de fond, a dit un autre général, car nous savons que si le corps y trouve une prison, l'âme y trouve des ailes; que les nobles âmes de nos morts regrettés ne tombent point ici dans un piège; qu'elles n'y trouvent point cette captivité effroyable, cette chaîne affreuse qu'on appelle le néant, et qu'elles continuent dans un rayonnement plus magnifique leur vol sublime et leur destinée immortelle. »

Un jour, il y a déjà bien des années, le général de Fontanges se trouvait à Ars avec sa famille. Il était dans l'église, mêlé aux pèlerins attirés par la renommée de sainteté du vénérable curé. Quand celui-ci vint à entrer, on forma sur son passage une double haie. Le saint curé s'avança les yeux baissés; mais tout à coup on le vit revenir sur ses pas. Arrivé devant le général de Fontanges en costume d'officier, il place la main sur son bras et dit :

— Nous sommes, vous et moi, deux combattants; nous nous retrouverons au Paradis.

Espérons que le général a été fidèle au rendez-vous.

GUEYDON (Comte de)

AMIRAL, DÉPUTÉ.

(1809 — 1886)

« Jusqu'au bout j'irai, soyez-en sûr. Je veux mourir en homme digne de ce nom. »

(Amiral DE GUEYDON.)

Ailleurs, on pourra faire l'éloge plus complet des services que ce vaillant marin a rendus à la France pendant sa longue carrière, avec quel courage intrépide, quelle haute intelligence, quel désintéressement, nous le savons. Ici, une notice abrégée qui rappellera son souvenir est seule possible.

Le comte *Louis-Henri de Gueydon,* né à Granville, entra dans la marine comme élève de l'École navale d'Angoulême en 1825. Sorti avec le n° 1, il était promu enseigne de vaisseau en 1830. Successivement lieutenant de vaisseau, capitaine de corvette, le jeune officier fut signalé par sa brillante conduite à l'affaire de Saint-Jean-d'Ulloa. Il servit comme capitaine au Brésil, en Hollande, à la Martinique, sur les côtes d'Espagne et au Mexique, fit la campagne de l'Archipel comme second de *l'Inflexible.* On lui doit la création des rôles d'équipages, vers cette époque, en 1842. Ayant pris le commandement du brick de guerre *le Génie,* avec lequel il fit campagne dans les mers du Sud, M. de Gueydon fut promu capitaine de vaisseau en 1847 et nommé membre du Conseil des travaux de la marine. Appelé en 1850 au commandement du *Henri IV,* il fut envoyé dans le Tage pour assurer la protection de nos nationaux pendant un mouvement révolutionnaire. Gouverneur de la Martinique en 1853, l'officier de marine est nommé contre-amiral et préfet maritime à Lorient, puis à Brest. Plus tard, on lui confia le commandement de l'escadre d'évolutions, comme vice-amiral, et en 1870 il faisait partie du Conseil d'Amirauté. Après la révolution du 4 septembre, l'amiral de Gueydon fut appelé à commander l'une des escadres de la mer du Nord, avec laquelle il dirigea sur les côtes allemandes une croisière exceptionnellement pénible, et, à son grand regret, sans aucun avantage important.

Enfin, le 2 mai 1871, M. de Gueydon était nommé gouverneur civil de l'Algérie.

Il vint prendre son poste en pleine insurrection arabe. La situation était difficile.

La France occupée par l'ennemi, Paris par la Commune, le gouvernement fugitif, l'armée captive ou prise par une guerre nouvelle, encore plus affreuse que la précédente, l'Algérie qui n'avait songé qu'à venir en aide à la mère-patrie, sans troupes régulières, et pendant ce temps, les massifs de la Kabylie traversés par un souffle de révolte, s'ébranlaient pour tomber sur les colons et les soldats français.

Le cardinal Lavigerie a raconté en termes éloquents les débuts de cette administration difficile :

« Vous vous le rappelez comme moi. Pendant que Metz tombait et avec lui tout espoir de résistance, les Arabes étaient témoins d'un spectacle qui n'avait pas un moins triste caractère. Je les vois encore, sur les marches du haut escalier de la cathédrale, sur la place, dans les rues qui l'entourent, debout, muets, immobiles, tenant chacun leur bâton à la main, leurs yeux seuls brillant d'un éclat étrange dans ce silence. Et, en effet, c'était depuis près d'un demi-siècle la première fois qu'ils voyaient un général français pris de force dans le palais de son gouvernement, entraîné sans défense au milieu des projectiles et des huées, et conduit ainsi jusqu'au port. Il ne leur en fallait pas tant pour croire que Dieu nous avait livrés enfin, et que le moment toujours promis par les prophètes de leurs *koubas* et de leurs *souks* était venu de nous « jeter à la mer. »

» Et, en effet, l'insurrection fut alors décidée, et on ne cessait d'entendre, de la part des Berranis d'Alger, des menaces pour un prochain soulèvement. Le temps nécessaire pour se préparer, pour se procurer des armes, parlons plus chrétiennement, la protection de Dieu, visible sur notre colonie, retardèrent l'explosion, juste ce qu'il fallait pour qu'elle ne vînt pas tout anéantir.

» L'amiral de Gueydon fut chargé d'y tenir tête au moment où la France, après ses désastres, reprenait peu à peu possession d'elle-même.

» Contre l'insurrection qui éclatait, il fallait un homme de guerre. Mais on ne trouvait pas un général libre pour une telle œuvre.

» Eh bien ! Messieurs, dit M. Thiers à son conseil, puisque nous n'avons pas un soldat, prenons un marin.

» — En ce cas, dit l'un des ministres, c'est l'amiral de Gueydon qu'il nous faut.

» — Mais il arrive à peine de la Baltique, acceptera-t-il cette mission difficile ?

» — J'en réponds, dit le ministre qui avait parlé.

» En effet, M. de Gueydon mandé, mis au courant de la situation périlleuse qui s'annonçait en Algérie, se contenta de dire :

» — Et les troupes ?

» — On va chercher à vous en envoyer.

» — Et en attendant ?

» — La France compte sur vous, amiral.

» — J'accepte, dit le vieux soldat.

» Deux jours après, il partait. C'est de lui que je tiens ces détails et ce dialogue que je rapporte à son honneur et pour que l'histoire puisse un jour le recueillir.

» L'Algérie sait comment il a tenu sa parole. Quand il arriva, contre cinq cent mille habitants de la Kabylie qui commençaient à descendre, il avait à mettre en ligne *six cents hommes* de troupes régulières. Il les envoya barrer le chemin de l'Alma. La milice d'Alger accompagnait courageusement les soldats. Mais alors, quels moments d'angoisse! Les colons de Tizi-Ouzou, de Dellys, de Fort-National des autres villages s'étaient réfugiés dans leurs bordjs, où ils étaient assiégés par les Kabyles. Ceux de Palestro étaient enfermés dans leur église, ayant avec eux leur curé, qui montait la garde comme les autres et qui se fit tuer bravement à leur tête, défendant ainsi ses brebis jusqu'au prix de son sang.

» Ces nouvelles, bientôt répandues, jetaient partout l'épouvante. Nous avons vu alors le spectacle lamentable de colons se dirigeant sur Alger, portant avec eux, sur leurs chariots de travail, leur pauvre mobilier, leurs femmes, leurs enfants, et venant chercher un abri derrière nos murailles.

» L'amiral pourvoyait à tout avec le sang-froid du vrai chef d'armée, regardant sans cesse vers la haute mer, pour voir, avec une mortelle inquiétude dans le

Amiral Comte de Gueydon

cœur, si les troupes annoncées arrivaient enfin en assez grand nombre.... Tout put tenir ainsi, et peu à peu tout arriva. Les chefs entraînèrent nos soldats, et bientôt l'insurrection fut vaincue. C'est près d'Aumale qu'elle fut définitivement écrasée par une action hardie. Je le vis rayonnant d'avoir accompli son œuvre de délivrance, le jour même où il en reçut la nouvelle. Il me dit alors la réponse laconique qu'il fit au chef de cette vaillante troupe :

» — Merci! Cela va toujours bien où vous êtes, se contentait-il de lui mander.

» Je rapporte aussi cette parole, parce qu'elle est vraiment d'un homme de guerre qui ne perd pas son temps en discours, et qui sait comment on doit, à certains moments décisifs, tirer des hommes tout ce qu'ils peuvent donner. »

Mais c'est surtout comme administrateur de notre colonie africaine que l'éminent cardinal nous présente l'amiral de Gueydon, et il poursuit :

« Il faut l'apprendre à ceux qui l'ignorent et le rappeler à ceux qui l'oublient : c'est M. de Gueydon qui a ouvert résolûment la voie nouvelle où la colonisation est engagée et dont les résultats, au point de vue matériel, sont déjà si sensibles.

» Lorsqu'on voulait lui plaire, on le nommait *l'Amiral Bugeaud!* C'est qu'en effet, à ses grandes qualités de soldats, il joignait l'esprit de gouvernement, le bon sens rare, l'initiative, l'instinct patriotique du vieux maréchal qui fut le père de l'Algérie.

» Il dédaignait les coteries et les systèmes, pour ne voir que l'intérêt du pays et le poursuivre résolûment, malgré les obstacles. Or, avec son coup d'œil si sûr, il avait vu dès la première heure que l'intérêt vital de l'Algérie était d'ouvrir largement ses terres à de nouveaux colons et de cesser enfin de parquer les indigènes, pour arriver par l'instruction, celle des enfants surtout, par une stricte justice, par la bienveillance, par l'exemple, à nous les assimiler un jour.

» C'est la double et puissante action qu'il a inaugurée durant un gouvernement trop court et qu'aucun de ses successeurs, même quelquefois avec des idées différentes, n'a plus pu répudier.

» A peine l'insurrection vaincue, il manifesta donc l'intention de faire servir le châtiment des coupables uniquement à l'expansion de la colonisation, arrêtée depuis longtemps faute d'argent et surtout de terre. L'opposition fut vive, même dans son entourage; les objections multiples, même dans les conseils du gouvernement, où j'ai dû moi-même souvent les combattre à côté de lui. Mais enfin il triompha, et c'est à ce triomphe auprès des pouvoirs publics que l'on doit les trois cents villages successivement créés depuis quinze ans.

» Il n'a pas moins encouragé l'assimilation des indigènes. Je me rappelle, non sans émotion, que dès le début de son gouvernement, il a voulu venir un jour voir lui-même nos missionnaires de la Maison-Carrée. La démarche était délicate, mais elle n'en montre que mieux son caractère et ses idées :

» — Messieurs, leur dit-il en quelques mots exquis de simplicité, de vaillance et de sagesse, il en est qui vous combattent; mais moi, en ma qualité de vieux marin français, je vous approuve et je vous loue, à la condition que vous suivrez les règles de réserve et de prudence que votre chef vous impose. Je vous approuve, parce qu'en cherchant à rapprocher les indigènes de nous par l'instruction des enfants, par la charité envers tous, vous faites l'œuvre de la France. Vous la faites sans froisser les préjugés, sans exciter les passions du fanatisme, et en préparant l'avenir de la colonie. La France ne fait plus assez d'hommes pour peupler l'Algérie. Il faut y suppléer en francisant nos deux millions de Berbères arabisés. Je le répète, si vous y mettez toujours la même prudence, vous pouvez compter sur moi. »

» C'est, en effet, sous son gouvernement que nous avons fondé nos écoles de Kabylie. Le succès en a été visible dès la première heure, tellement visible que l'exemple a été bientôt suivi, ce dont nous ne pouvons être jaloux, si l'expérience se continue dans un esprit semblable, car il faut là des ressources qu'une œuvre privée ne peut avoir.

» Je n'ai fait que courir sur les sommets et indiquer rapidement ce que l'amiral a fait pour nous.

» D'ailleurs, il faut finir. Mais puis-je m'arrêter, au moment où je vous demande des prières pour sa tombe, sans vous parler du moins de sa fin chrétienne?

» L'amiral avait gardé au fond du cœur sa foi de Breton. Mais, il ne faut rien taire, il ne la pratiquait pas au dehors. Il en parlait néanmoins, et il ne manquait jamais de dire qu'un peuple sans foi touche à sa fin. Il le disait avec tristesse, en pensant à la France qui la perd, et quelquefois avec colère, en pensant à ceux qui travaillent à l'enlever partout aux peuples.

» — Et vous, cher amiral, lui disais-je en souriant, où en êtes-vous avec d'aussi belles théories ?

» — Moi, me dit-il un jour avec ce sens pratique dont j'ai déjà parlé, je ne comprends pas, il est vrai, la manière dont s'est faite la création, et on pourrait m'embrouiller là-dessus ; mais, en ma qualité de vieux marin, je sais vous dire qu'un navire sans pilote ne tarde pas à sombrer, et que s'il n'y avait pas un pilote pour guider tout ça, ajoutait-il avec un geste qui embrassait le monde, il y a longtemps que tout ça aurait sombré !

» — C'est un commencement, ajoutai-je ; mais, avec un esprit logique comme le vôtre, il faut aller jusqu'au bout.

— Jusqu'au bout ? J'irai, soyez-en sûr. Je veux mourir en homme digne de ce nom et reconnaître avant de partir que j'ai des comptes à revoir devant Celui qui m'a mis ici-bas. Si vous êtes près de moi, je vous appellerai pour m'y aider....

» Je n'y étais pas, comme vous le savez, Monseigneur ; mais ce que vous savez aussi, c'est que, fidèle, honnête et vrai, comme il l'était au superlatif, il ne disait alors que ce qu'il voulait faire; et, en effet, à peine s'est-il senti gravement frappé, il y a bientôt un an, qu'il a voulu remplir ses derniers devoirs de chrétien, et, ce qui m'a touché jusqu'aux larmes, après les avoir accomplis, il a voulu que j'en fusse le premier informé. Je conserve avec respect et je viens de relire la lettre que sa noble et digne compagne m'a écrite alors, sous sa dictée. »

Un des faits de la vie de l'amiral qui font le plus d'honneur à sa foi de catholique et à son patriotisme de Français est le suivant encore peu connu et que nous a révélé le P. Mercier dans son beau livre : *Vie du P. de Plas* (1).

En apprenant l'invasion des États pontificaux, violation formelle de la fameuse Convention du 15 septembre, le gouvernement de Napoléon III avait résolu une seconde expédition de Rome, et une division sous les ordres du général de Failly avait été embarquée dans la Méditerranée à bord de la flotte commandée par l'amiral de Gueydon. Celui-ci attendait de jour en jour l'ordre du départ. Déjà plusieurs fois cet ordre avait été donné, la flotte appareillait, mais toujours elle revenait au mouillage, lorsqu'enfin, le 28 octobre, l'escadre gagna définitivement le large. On avait lieu de s'étonner de ce départ, quand on sait combien le gouvernement d'alors et ses conseillers aimaient peu le Pape et la

(1) Deux forts volumes in-8°, chez Retaux-Bray, Paris.

cause qu'il représente, en voyant une division française transportée si promptement à Rome pour sauver Pie IX et sa petite armée.

Que s'était-il donc passé d'extraordinaire? « Voici, dit le P. Mercier, une version inédite dont nous garantissons l'authenticité. Nous l'avons entendu raconter par le commandant de frégate de Plas, qui le tenait de l'amiral même, son ami.

» A mesure que Garibaldi s'avançait vers Rome, les regards anxieux des catholiques se tournaient vers la France, vers la flotte qui stationnait en rade de Toulon, toujours prête à partir et ne partant jamais. On se jouait évidemment de l'opinion publique pour laisser aux Italiens le temps d'invoquer le fait accompli. Mais on avait compté sans la loyauté de l'amiral de Gueydon, qui, ennuyé de tant d'ordres et de contre-ordres, résolut d'en finir, en prenant sur lui la responsabilité d'une décision irrévocable.

» Le 28 octobre au matin, il reçut un nouvel ordre de départ qui, comme les précédents, allait être, sans doute, suivi d'un nouveau contre-ordre. Voulant l'éviter à tout prix, il choisit un officier de confiance qu'il établit au banc de quart, lui recommandant d'y demeurer jusqu'à ce qu'on eût perdu de vue les sémaphores, et de ne tenir aucun compte des signaux.

» Comme l'escadre était depuis plusieurs jours sous vapeur, elle ne tarda pas à se mettre en marche, conduite au large par le vaisseau-amiral. A peine a-t-on franchi les premières passes que le matelot de veille vient avertir qu'un sémaphore attaque pour communication.

» — Bien, répond l'officier de quart, retournez à votre poste.

» Un peu plus loin, nouvelle attaque d'un autre sémaphore, et le matelot de prévenir, et l'officier de quart de répondre encore :

» — Bien, retournez à votre poste.

» Bientôt l'escadre se trouve hors de la portée des sémaphores, et l'amiral craignant d'arriver trop tard fit chauffer à toute vitesse vers les côtes d'Italie. »

Mais une tempête s'étant élevée pendant la nuit, il fallait continuer de marcher, car on n'avait pas un moment à perdre. L'amiral laissa donc toute liberté de manœuvres à ses navires avec ordre de se retrouver au plus tôt à Civita-Vecchia. Le lendemain matin pas un bâtiment ne manquait au rendez-vous, la mer se calma subitement et le débarquement put s'opérer sans danger.

« Alors surgit une nouvelle difficulté, poursuit le P. Mercier. Le général de Failly, qui commandait le corps expéditionnaire, avait un ordre de ne pas débarquer qu'il s'empressa de montrer à l'amiral :

» — Général, répondit celui-ci, je ne suis venu ici que pour transporter les troupes, je remplirai la consigne jusqu'au bout. Vous avez l'ordre de ne pas débarquer! Eh bien, venez déjeuner avec moi ; votre présence sur le pont n'est pas nécessaire.

» Le général, très embarrassé, dut faire contre mauvaise fortune bon cœur ; et le 30 octobre les Français rentraient dans Rome, où ils furent accueillis comme des libérateurs. »

« Les Français ont fini par arriver, écrivait le commandant Cirlot à son ami De Plas. Relevés par eux le 1er novembre nous sommes partis le 3, pour chasser de Monte-Rotondo les Garibaldiens que nous avons rencontrés à Mentana. Vous connaissez les péripéties de cette bataille dont les résultats sont immenses, car s'il est vrai que Garibaldi était venu se faire couper les bras et les jambes à Monte-Rotondo, il est vrai aussi qu'il est venu se faire casser la tête à Mentana. Cinq compagnies de la Légion, que j'avais l'honneur de commander, ont pris à cette bataille une part bien glorieuse. Nous avons opéré sur la droite un mouvement tournant qui a empêché les Garibaldiens de se réfugier dans Monte-Rotondo. A quatre heures du soir, un bataillon et demi des troupes françaises est entré en ligne et a essayé les chassepots, qui ont produit un effet terrifiant sur les bandes en déroute. »

On le voit, il a fallu à l'amiral de Gueydon toute son énergie et l'indépendance de sa foi pour anéantir les précautions perfides de la politique de Napoléon III, contre la délivrance du Pape, et c'est à ce vaillant marin que les catholiques de tout l'univers doivent la joie d'avoir vu anéantir pour un temps les projets impies de la révolution italienne.

JAURÉGUIBERRY

AMIRAL, SÉNATEUR, MINISTRE.

(1815 — 1887)

« Le héros de Patay, de Coulmiers, de Loigny, du Mans, repose dans la paix de ce Dieu, en qui il crut et espéra toujours. »

(J. CHANTREL)

L'amiral Jauréguiberry, sénateur inamovible et ancien ministre de la marine est mort au mois d'octobre 1887. C'était une curieuse figure que celle de ce vieux brave, remuant et vif comme un jeune homme, plein d'entrain, de gaieté et de verve.

Né le 26 août 1815, *Jean-Bernard Jauréguiberry* était entré à l'École navale en 1831. Aspirant en 1832, il parcourut brillamment tous les grades de la marine et atteint celui de capitaine de vaisseau en 1860. Il s'était distingué dans diverses missions et avait exercé des commandements en Crimée, au Sénégal dont il a été gouverneur et en Chine. Il fut promu contre-amiral en 1869, et nommé major de la flotte à Toulon.

Pendant la guerre franco-allemande, l'amiral fut mis à la tête de la première division du 16e corps; cité à l'ordre du jour, il devint commandant de ce 16e corps au moment où le général Chanzy devenait commandant en chef de l'armée de la Loire. A la tête de ce corps d'armée, il fit preuve d'une grande fermeté et d'une égale bravoure. Après la guerre, aux élections du

8 février 1871, il fut élu dans les Basses-Pyrénées et le Var, mais peu fait pour la vie politique, il donna sa démission de représentant et accepta le poste de préfet maritime à Toulon. Il fut cependant appelé, peu après, au ministère de la marine dans le cabinet Waddington, mais là l'amiral se retrouvait dans son élément, puisqu'il commandait toujours à des marins.

Nommé sénateur inamovible, il fit partie du cabinet Freycinet, mais se retira plus tard à cause des difficultés qu'il rencontrait au sujet de la politique coloniale.

Commandeur de la Légion d'honneur en 1861, l'amiral Jauréguiberry avait été promu grand-croix en 1879. Il siégeait au centre gauche et votait avec la fraction qui suit M. Jules Simon.

Un trait, entre mille, pour montrer l'énergie et le courage du vaillant soldat.

A la bataille du Mans, il était à cheval, avec son aide-de-camp près de lui; les obus pleuvaient sans qu'il y prît garde, sa lorgnette braquée sur une espèce de débandade qu'il avait aperçue au centre. Arrive un capitaine de l'état-major de Chanzy porteur d'un ordre. Cet officier n'a pas même le temps de prononcer un mot qu'un obus emporte la tête de l'aide-de-camp. Un peu d'émoi se produit naturellement dans le groupe qui entoure l'amiral. Mais celui-ci se penche vers le capitaine, et, avec une politesse calme comme si rien ne s'était passé :

— Vous disiez, Monsieur?

AMIRAL JAURÉGUIBERRY

Lorsqu'il fallut se retirer sur la Mayenne, Chanzy ne voulut s'en rapporter qu'à l'amiral. On connaît la lettre officielle et publique que le général lui écrivit : « Quand » un homme comme vous juge la retraite nécessaire, il » faut partir. »

La Chambre avait compris, dès la première rencontre qu'elle ne ferait pas d'un tel homme ce qu'elle voudrait, et instinctivement beaucoup de députés de son parti vinrent à le détester. Chaque jour, quelque obscur représentant le harcelait à propos de rien, le mordillait aux jambes, sans réussir à l'émouvoir, encore moins à l'épouvanter. Ces vilains procédés de la cuisine parlementaire ne l'atteignaient pas, les personnalités n'arrivaient jamais jusqu'à lui, et, tranquille dans les plus orageux débats comme dans la tempête sur son vaisseau, il montrait une sérénité inaccessible à toutes les attaques. Pour lui, ce qui se passait de mauvais dans la Chambre avait l'air de se passer dans un autre monde. Il prenait place tranquillement à son banc de ministre, parlait, écoutait, et il était clair que les incidents qui troublent et égarent les délibérations n'étaient à ses yeux que des niaiseries, des jeux d'enfants, sans dignité et sans portée. Sa tenue y répugnait, il ne voulait pas s'y mêler, ni qu'on l'y mêlât. Aux provocations il regardait fixement et ne répondait pas, comme un adversaire sûr de sa force.

Un jour vint cependant où le dégoût l'emporta et lui fit cingler, de cette apostrophe, les insectes qui piquaient sa rude échine :

— Laissez-moi tranquille avec vos renseignements pris sur des tables de café!

Et comme les autres semblaient gronder et montrer les dents, il ajouta :

— Vous n'osez dire que je me défie de vous; dites-le, car c'est vrai!

Puis il leur jeta son portefeuille à la figure et quitta la salle en secouant sur eux la poussière de ses souliers.

Comment put-il se résigner à revenir une seconde fois dans cette galère? Toujours est-il qu'il y revint, mais pour peu de temps. Car, lorsque la majorité républicaine voulut en faire le complice d'une de ses infamies les plus révoltantes, il sortit résolument du ministère au bras du général Billot. Les républicains virent dans cette circonstance que, pour commettre certains méfaits politiques, il est impossible de trouver un marin, et cette heureuse supériorité fut consacrée alors par un mot significatif du prince de Joinville :

— La marine n'a pas eu son Thibaudin.

Le vieux marin, on l'a dit, était encore, dans les derniers jours de sa vieillesse, jovial et plein de verve, d'une politesse exquise auprès des dames, comme un officier de marine de l'ancien régime. Une fois même, peu d'années avant sa mort, il fut victime de cette obséquiosité. On raconte à ce sujet cette plaisante anecdote.

C'était en 1877, l'amiral commandant l'escadre de la

Méditerranée se trouvait en rade de Villefranche. Les visiteurs et les visiteuses, toujours sûrs d'être bien accueillis sur le vaisseau-amiral, ne manqaient pas de s'y présenter. On peut juger s'il en venait de Nice, de Cannes et de toutes les plages environnantes. Les cuirassés de l'État avaient fini par servir de but à toutes les promenades mondaines, et c'était vraiment un abus. L'autorité supérieure fut prévenue. L'amiral Pothuau, alors ministre de la marine, vieux loup de mer d'une autre école, voyait d'un assez mauvais œil ce défilé perpétuel de visiteurs. Maintes fois il avait fait des observations à ce sujet au commandant de l'escadre. Mais rien n'y faisait. Le ministre, ne voulant point sévir contre son ancien camarade et désirant quand même lui donner une leçon, lui tendit un piège. Il fit surveiller les allées et venues du canot amiral, et un jour qu'une dame bien connue dans la haute société parisienne et dans le monde politique était venue déjeuner avec d'autres personnes à bord du *Richelieu*, le télégraphe transmis tout à coup au commandant de l'escadre la dépêche suivante :

« Partez immédiatement, pour Marseille, sans prendre » communication avec la terre.

» Signé : Amiral Pothuau. »

Pas moyen de discuter. La consigne était là, il fallut obéir. La grande dame et ses amis durent faire le voyage de Marseille bon gré, mal gré, sans pouvoir même prévenir de sa mésaventure les invités qu'elle attendait ce même soir.

Quant à l'amiral, il ne dit pas s'il trouva le tour bien joué et s'il en voulut au ministre de la marine, mais il fut assez discipliné pour ne pas s'en plaindre et assez galant pour n'en rien montrer.

Mais ce sont là les petits côtés de nos grands hommes, qu'il faut oublier pour ne se souvenir que des services rendus par eux à la patrie. Aujourd'hui « le héros de Patay, de Coulmiers, de Loigny, de Vendôme, du Mans se repose dans la paix du Seigneur, de ce Dieu en qui il crut et espéra toujours, et l'histoire dira de lui que vaincu, comme la France et avec la France, son courage resta supérieur aux événements, son âme parut plus grande encore que la défaite (1). »

LE FLO

GÉNÉRAL, DÉPUTÉ, AMBASSADEUR.

(1804 — 1887)

« Faire des Français sans Dieu !... cette idée étrange lui inspirait des révoltes, pleines d'indignation et d'éloquence, dont son âme de chrétien et patriote se révoltait tout entière. »
(DULONG DE BOSNAY.)

Au mois de novembre 1887, le général Le Flô terminait sa longue carrière de quatre-vingt-deux ans, emportant l'estime générale non seulement en France, mais aussi

(1) *Annales catholiques.*

en Russie, où le brave soldat s'était fait aimer en faisant aimer son pays. Aussi venons-nous rendre un tribut d'hommage à ce noble soldat, au diplomate émérite, au chrétien ferme et convaincu.

Né dans le Finistère, *Charles Le Flô* entra tout jeune à l'École militaire de Saint-Cyr. En 1831, il faisait, comme lieutenant, ses premières armes en Afrique et devenait capitaine, puis chef de bataillon pour sa superbe conduite devant Constantine. Ce jour-là le capitaine Le Flô, après avoir contemplé avec une grande attention les Arabes calmes et disposés à mourir plutôt que de se rendre disait en riant à La Moricière, son compagnon d'armes et son compatriote :

— Ça va rudement chauffer, et c'est bien de voir ainsi la petite Bretagne au premier rang.

— Ma foi, lui répondit La Moricière, je ne sais ce qu'en pense les autres, mais pour moi, quand on m'anonncerait que, dans un quart d'heure, j'aurais la tête cassée et qu'il fût possible de m'abstenir honorablement, je dirais : Va pour la tête cassée ! et j'irai tout de même.

Voilà quelle était la bravoure de ces vaillants pour la gloire de la patrie.

Promu colonel le 20 octobre 1844, Le Flô devint général de brigade, le 12 juin 1848. Quelques mois plus tard, ses compatriotes l'envoyèrent siéger à la Constituante. Il ne commença à prendre une part active aux travaux de l'Assemblée qu'en mars 1849, étant allé remplir, dans l'intervalle, une mission diplomatique en Russie.

A son retour de Russie, le général prit place dans les rangs de la droite. Réélu de nouveau à la Législative, il s'opposa à la politique du prince Napoléon et fut, comme questeur de l'Assemblée, un des plus ardents adversaires du pouvoir exécutif. Aussi, dès le matin du coup d'État du 2 décembre, il était arrêté à l'hôtel même de la Présidence, avec les généraux Changarnier, Bedeau et Cavaignac, et compris dans le premier décret d'expulsion.

Il dut se retirer en Belgique, puis à Jersey et ne rentra en France qu'en 1859.

Après la révolution du 4 septembre 1870, le général Le Flô fut nommé ministre de la guerre et réintégré dans l'armée comme général de division.

Élu député du Finistère au 8 février suivant, il fut choisi comme ministre de la guerre par M. Thiers, mais après le second siège il donnait sa démission et était remplacé par le général de Cissey.

Aussitôt, un décret l'appelait à l'ambassade de Russie. Dans ce poste important le général devait rendre de grands services à son pays par sa loyauté, son patriotisme éclairé, la noblesse et la franchise de son caractère, qualités qu'estimait singulièrement en lui l'empereur Alexandre II. Aussi ce monarque prit-il notre ambassadeur en grande estime, et il sut lui donner en de nombreuses circonstances des marques évidentes et considérables de son amitié.

En 1875, lorsque le gouvernement allemand, effrayé du relèvement rapide des armées françaises se préparait a nous déclarer la guerre, le général Le Flô se montra à la hauteur du danger, sut le déjouer par un coup de maître, en prévenant hardiment l'empereur de Russie de ce qui se tramait contre la France, et contribua à sauver ainsi son pays d'une guerre imminente pour laquelle sans doute il n'était pas assez préparé. Le Ministre des affaires étrangères était alors le duc Decazes. On a vu, depuis, par la publication des documents diplomatiques concernant cet important épisode d'histoire, le rôle patriotique joué par le ministre et l'ambassadeur français dans cette grave circonstance.

Absent de l'Assemblée nationale par suite de ces fonctions, le général Le Flô ne prit aucune part à ses travaux, et refusa, lors des élections des sénateurs inamovibles, la candidature qui lui fut offerte par le centre gauche.

En février 1879, le général était remplacé comme ambassadeur par le général Chanzy.

Mais considérons de plus haut la vie du général Le Flô, avec M. le comte de Vogüé, de l'Académie, qui l'a connu intimement :

« Tout le monde connaît les grandes lignes de cette longue et vaillante carrière. Elle eut deux parts, bien différentes par le bonheur, par la nature et le théâtre de l'action, mais toutes deux dépensées pour la France. La première toute militaire et dans la poudre, superbe comme la jeunesse, la victoire et le soleil d'Afrique qui l'illumina : dix-sept ans passés à conquérir des pro-

7

vinces et des épaulettes, au premier rang de la phalangue héroïque, où les aînés s'appelaient Bugeaud, Changarnier, Bedeau, La Moricière. Elle est déjà loin cette épopée des Africains; mais elle continue de flotter sur notre siècle, sur nos autres gloires et nos revers, avec je ne sais quel caractère à part, quelle aigrette de bravoure élégante et politique, comme un ressouvenir de croisade et de conte arabe.

» Le nom de Le Flô en est inséparable. L'historien de la conquête racontait naguère l'entretien où La Moricière promit au général Valée de sacrifier la première colonne devant Constantine. Il ajoutait que ce dialogue nous a été conservé par le capitaine Le Flô, qui l'écrivait sur sa manchette. Enseveli avec ses compagnons sous les voûtes du Marché, on l'en retire vivant; le voilà chef de bataillon. Quatre ans après on le ramasse encore parmi les blessés de la Mouzaïa; il se relève colonel. Quand la Révolution de Février le rappelle en France, il y revient général à quarante-trois ans, « le corps plein de plomb, » comme il disait.

» Cavaignac l'envoya en Russie, où il noua ces liens d'estime et d'amitié réciproques dont il devait tirer plus tard un si bon parti. Entre temps, ses Bretons le députèrent à l'Assemblée. Comment il tomba dans un parlement et ce qu'il y allait faire lui, le général tel que nous l'avons connu, cela passe la compréhension....

» Il ne revint à la vie active qu'au bruit du canon qui se rapprochait de Paris.

» Alors commença la seconde phase de cette existence,

plus considérable que la première par les emplois et les services rendus; moins enviable pourtant, assombrie comme les temps mauvais auxquels le vieillard essayait de remédier. La défense nationale le fit ministre de la guerre; c'était le dernier poste qui lui convînt. Jules Favre le traîna aux Conférences de Versailles (1), Le Flô y était encore moins à sa place, incapable de se contenir, de disputer froidement les lambeaux de la patrie. Laissant cette douloureuse besogne à son collègue, il attendait dans le jardin du château, mâchonnant un cigare et sacrant à sa guise. Au 18 mars, ses avis ne furent pas écoutés, et il fallait lui entendre raconter ses démêlés héroï-comiques, avec M. Thiers, pendant le second siège. Enfin, à vingt-trois ans d'intervalle, il reprit la route de Saint-Pétersbourg; il y retrouva sa vraie voie.

» C'est à ce moment que je voudrais le peindre, notre général, au hasard des souvenirs que la funèbre dépêche fait remonter dans ma mémoire, et tel qu'il nous est apparu dans ces années de collaboration intime : diplomate impassible, objet de scandale et d'envie pour ses collègues, d'orgueil et d'affection pour ses subordonnés.

» D'ailleurs, qui l'a connu alors connaissait toute sa vie; il aimait à la raconter avec une force de souvenir et un bonheur d'expressions sans pareil : guerres d'Afrique, journées de 1848, colloques de l'exil avec Victor Hugo, sur cette grève de Jersey, où le poète prenait

(1) Pour traiter des conditions de paix avec Guillaume et Bismark.

des leçons d'équitation (1). Avec des saillies déconcertantes et des façons de courir à l'assaut, avec beaucoup de finesse sous beaucoup de droiture, Le Flô s'était fait une diplomatie à lui, qu'il prenait là où l'on ne prend guère la diplomatie, dans le cœur. Elle eût peut-être échoué en toute autre place et en tout autre temps; il serait périlleux de l'imiter; elle réussit à souhait près de celui qu'il fallait gagner.

» L'âme impressionnable et généreuse d'Alexandre II fut amusée d'abord par les boutades de l'enfant terrible, bientôt conquise par la loyauté du preux, à quel degré, on sait le reste.

» J'ai vu le Tzar pleurer à chaudes larmes quand il serra, pour la dernière fois, dans ses bras son vieil ami. C'était chose bien nouvelle dans la froide étiquette d'une cour, mais rire aux éclats n'y est pas chose plus fréquente, et si Alexandre a pleuré ce jour-là, c'est peut-être qu'il avait souvent bien ri. Les chemins qui donnent accès dans un cœur sont si secrets! »

« Aussi bien, il ne fallait pas juger les passions et la politique du général avec nos idées d'aujourd'hui.... Le Flô était d'un autre siècle. Pas plus que ses sentiments, son intelligence n'était contemporaine. Ce qu'on appelle l'intelligence a des formes si variées! Sa science n'avait rien de critique, de spéculatif; elle était

(1) « Qu'est ce que vous faites donc sur cette bête, Hugo, vous allez vous casser le cou? — Ami, répondit le proscrit, nous ignorons ce que demain réserve; un chef d'État doit savoir monter à cheval. »

naturellement agissante, celle d'un homme de la Ligue ou de la Fronde. Et ses manières, comme la pensée qu'elles traduisaient, rappelaient des temps disparus.

» Ceux qui l'entrevoyaient en passant, ceux qui entendaient une fois ce langage tout hérissé de jurons, coutumier d'un seul verbe plus pittoresque que diplomatique, ceux-là disaient avec dédain :

» — C'est un vieux troupier.

» Beaucoup s'y sont trompés. Ils ne soupçonnaient pas quelle fleur de courtoisie et de chevalerie s'alliait à ce sans-gêne de parole; ils ignoraient que ce vieux troupier savait être grand seigneur dans sa maison, courtisan chez un prince, de la meilleure grâce du monde et avec la meilleure tradition d'autrefois. Je me suis pris souvent à penser qu'Henri IV devait penser et sentir comme lui, jurer du même air, et, comme lui, faire tout le reste.

» J'écris pour les amis qui l'ont connu, avec sa figure devant mes yeux, et, dans les traits qui se pressent sous ma plume, je ramasse ceux qui me touchaient le plus. Mais dans mon impuissance à la faire revivre, cette figure originale, je crains que d'autres ne m'accusent d'un manque de respect envers un des hommes qui m'en ont le plus inspiré. N'importe, je sens qu'il faut l'évoquer dans son charme vivant, et je sais bien que s'il m'entendait, il m'approuverait de parler ainsi, lui qui, dans les plus hautes dignités garda l'insouciance de toute convention, de toute morgue, de toute pose, parce qu'il était assez fort pour s'en passer; lui si simple, si naturel, toujours, gai dans le revers, modeste dans le succès.

» .... Qu'il a dû souffrir, le pauvre général, s'il a lu avant de s'éteindre la traînante histoire de toutes nos vilenies! Il n'aura pu ni comprendre, ni croire, en voyant qu'on y mêlait des noms militaires.

» Pour nous, qui vivons trop sur ces choses, il fait bon penser à ce mort, alors même qu'on le regrette comme un proche. Celui-là était dans la grande règle et non dans l'infime exception. Il laisse l'exemple accoutumé de nos gens de guerre, le souvenir d'un homme qui, pendant soixante ans, a tenu d'une main passionnée le drapeau, le portant gaiement dans la bonne fortune, le relevant fièrement dans la mauvaise, le servant avec toutes les armes et toutes les ressources, à la Kasba de Constantine comme au palais d'hiver de Saint-Pétersbourg, toujours confiant dans ce drapeau, toujours souriant avec la belle humeur du devoir bien fait, avec l'allure résistante d'un soldat qui ne s'est couché que pour mourir. Et peut-être est-il mort pour nous rendre un dernier service, pour qu'aujourd'hui du moins les échos de France renvoient à l'étranger un autre nom de général, ce nom pur et vénéré de Le Flô. Dieu veuille nous en donner beaucoup de pareils! En attendant, gardons celui-ci avec amour. »

Mais ce qui est non moins admirable dans le général Le Flô c'est qu'il ne fut pas seulement un grand patriote et un grand Français, il fut également un vrai chrétien.

Combien de fois on l'a vu gémir sur les tendances irreligieuses de cette jeunesse si mal élevée par des maîtres sans Dieu !

Avec sa haute intelligence et la rare droiture de son esprit, il ne pouvait admettre qu'on se permît de toucher au cœur ou à l'éducation de l'enfant, sans prononcer le nom de Dieu, et sans lui montrer le vieux crucifix de nos pères.

— Faire des Français sans Dieu ! s'écriait sur sa tombe M. Dulong du Rosnay, cette idée étrange lui inspirait des révoltes, pleines d'indignation et d'éloquence, dans lesquelles son âme de chrétien et de patriote se vévélait tout entière. Alors, arborant les noms de la liberté et de la France, les noms sacrés de Dieu et de son Christ, il se mettait à notre tête pour créer, de sa bourse et de son cœur, ces écoles qui serviront de témoignage au bon sens, de refuge à la conscience des pères de famille, et de sanctuaire à la dignité si pure de l'enfant, méconnue et outragée.

Lors de l'exécution des décrets contre les congrégations religieuses, il se trouva comme sur le champ de bataille, au premier rang, pour protester avec toute l'énergie de sa foi contre cette violation flagrante de la liberté religieuse et du domicile des citoyens. A Saint-Brieuc, les crocheteurs officiels le trouvèrent debout, en grande tenue, la poitrine couverte de ses multiples décorations, derrière la première porte du couvent dont ils violèrent le seuil, et son cœur de soldat et de Français bondissait d'indignation en voyant de tels crimes commis dans notre pays et avec l'assistance de l'armée au nom même de la liberté.

A Morlaix, le général s'honorait tout particulièrement de son titre de président du comité des Écoles libres. Le plus souvent, il assistait le dimanche à la grand'-messe de sa paroisse dans ses dernières années, et c'était toujours avec une extrême édification que, le jour de la Fête-Dieu, les habitants de Ploujean le voyaient au milieu d'eux, avec les autres notables de la paroisse, suivre respectueusement le Saint Sacrement. Mais pourquoi ne pas le dire? Un sentiment excessif d'humilité avait tenu ce chrétien trop longtemps éloigné de la Table Sainte.

Le jour était venu où le général était entré dans sa quatre-vingt-quatrième année. Depuis longtemps, il avait fait sa confession, mais là s'était bornée la pratique des sacrements, Dieu n'avait pu descendre en personne dans sa maison et dans son cœur. Comme inspirée d'un pressentiment providentiel, sa fille, Mme la comtesse de Nanteuil se jetant dans les bras de son père le suppliait de consentir à communier le plus tôt possible pour être prêt à tout événement. Écoutons la réponse du vieux soldat.

— Mais depuis longtemps je suis résolu, ma chère enfant, répond-il tout simplement, à faire ce grand acte, quoique j'en sois bien indigne. J'ai pris cette résolution pendant ma maladie, mais je ne voudrais pas recevoir mon Dieu dans une alcôve; je voudrais pouvoir communier publiquement, de manière à témoigner hautement de ma foi dans tous les enseignements de la religion catholique et romaine.

On voit par ces paroles que les convictions religieuses du général ne dataient pas de la veille.

— Vous pourrez faire cela plus tard, mon père, reprit Mme la comtesse de Nanteuil, mais en attendant, consentez à communier ici.... Votre vie a toujours été si droite, si honnête; l'accomplissement du bien a tellement été votre préoccupation de tous les instants, qu'une fin chrétienne doit être le couronnement de votre noble vie. Ne nous refusez pas cela, cher papa.

A cette voix persuasive, le général ne pouvait résister. Il fit taire ses derniers scrupules de délicatesse envers la Majesté souveraine, son confesseur fut appelé de nouveau, et le lendemain matin, l'Eucharistie faisait dans la voiture même du général son entrée au Nec'hoat (1), paré comme en un jour de fête. En présence de toute sa famille, de ses domestiques, de ses fermiers auxquels il tint à donner ce suprême exemple, le général communia avec des sentiments non équivoques d'humilité et de piété, et cette scène arracha des larmes aux assistants.

Quelque temps après, arrivait le moment du repos et de la récompense. Ce dernier coup de clairon se fit entendre : Dieu allait relever son serviteur d'un poste, où depuis quatre-vingts ans, il montait la garde avec une religieuse fidélité et d'inébranlables convictions,

(1) Habitation du général.

autour des causes les plus saintes, les plus belles et les plus françaises.

Son fils, ayant de rendre le dernier soupir sur la terre d'Afrique, avait chargé un ami de cette suprême mission :

— *Allez dire à mon père que je meurs en soldat et en chrétien !...*

Le général Le Flô a suivi lui-même jusqu'à la fin la consigne et le programme qu'il avait enseignés à ses fils. Il est mort en vrai soldat et en vrai chrétien.

Au milieu de ces certitudes lumineuses que donne la science historique, ajoute M. Dulong de Rosnay, il apercevait clairement que le sort de la France est lié au christianisme qui l'a faite si glorieuse. Pour lui, Christ et France ! c'était le même cri de guerre. Il fallait voir son indignation lorsqu'une insulte essayait de blesser l'une ou l'autre. Quand c'était la France qu'on avait touchée, il regardait au Christ pour savoir si le contre-coup n'avait pas porté jusqu'à lui ; et quand c'était la religion, il croyait avec raison la France atteinte dans ses plus chers intérêts.

Le cri de Clovis lui revenait alors sur les lèvres, et il disait à sa manière : « *Ah ! si j'avais été là avec nos Bretons !*

MAISSIAT (de)

GÉNÉRAL DE DIVISION.

(1802 — 1890)

« Quand vous devrez mourir, cherchez du regard la tombe d'un soldat, marquez votre place à côté, et demandez qu'on vous couche auprès de ce héros endormi. Près de lui, le sommeil vous sera doux. » (BYRON.)

Il nous sera permis d'emprunter souvent dans ces pages la parole éloquente de Mgr de Cabrières, qui fit l'oraison funèbre du général de Maissiat, pour redire la vie glorieuse et chrétienne de ce vaillant guerrier, heureux d'avoir servi la France pendant près d'un demi-siècle sur tous les plus illustres champs de bataille.

« Un attendrissement irrésistible me saisit, dit le prélat, quand ma pensée s'arrête sur ces belles carrières de soldat, tout entières remplies par des actes héroïques de dévouement et d'abnégation. Je me sens pressé d'une sorte d'émulation généreuse en songeant à ces hommes de devoir et d'honneur, qui n'ont cessé pendant des années nombreuses, ici pendant un demi-siècle, de suivre le drapeau du pays pour chercher une occasion nouvelle d'en soutenir le prestige et d'en accroître la renommée.

» En vain les révolutions se sont succédé, violentes et ruineuses, en vain les étendards eux-mêmes ont modifié leur couleur, le symbole a changé, mais l'amour dont ce symbole était l'expression, l'amour de la patrie n'a pas subi d'affaiblissement. Cet amour est demeuré le même, comme l'idée immortelle à laquelle il s'adressait, et la France du XIXe siècle, en dépit de ses tristesses et de ses malheurs, peut montrer avec orgueil les légions innombrables de soldats qui, depuis quatre-vingt-dix ans, sous tous les climats et sur toutes les plages, lui ont donné tout leur sang et toute leur vie. Ne devons-nous donc pas décerner des honneurs exceptionnels à ceux qui ont été les plus persévérants, les plus infatigables, les meilleurs et les plus oublieux de leurs propres intérêts?

» Il était de la race de ces héros, le général dont nous célébrons aujourd'hui les funérailles. Fils d'un officier brillant, qui avait fait admirer sa bouillante ardeur au combat de Lobau, en 1809, le jeune *Hubert Maissiat de Ploenniès* n'hésita point sur le choix de sa carrière. A dix-huit ans, il entrait à Saint-Cyr, et au mois d'octobre 1824, il recevait l'épaulette de sous-lieutenant. La guerre d'Espagne venait de finir; mais pour assurer le fruit des victoires du duc d'Angoulême, quelques régiments français allaient tenir encore garnison dans la péninsule. Le régiment d'infanterie de M. Maissiat demeura trois ans dans la patrie de Pélage, où l'on put recevoir encore des leçons de bravoure et de fierté patriotique. Rentré en France, notre sous-lieutenant eût à peine le temps de faire une courte halte sur le sol natal. En 1830, il montait sur l'un des transports de l'escadre qui allait, par la conquête d'Alger, montrer au dey Hussein ce que coûte un soufflet donné sur une joue française. Deux mois ne s'étaient pas écoulés que le maréchal de Bourmont, dans un rapport au ministre de la guerre, témoignait de la vaillante attitude du jeune Maissiat pendant un engagement livré sous les murs de Blidah. Six années se passent, deux grades ont été franchis, le saint-cyrien est devenu capitaine. Il faut payer les nouveaux galons. Quelle plus belle circonstance !

» Constantine, l'ancienne Cirta des Numides, fièrement assise sur son abrupt piédestal, défendue sur trois côtés par l'Oued-el-Kébir, défiait notre armée partout victorieuse. Elle avait salué par des hourras la levée du siège, inutilement tenté par le maréchal Clausel, et se promettait d'être l'une de ces cités vierges, dont les remparts ont toujours tenu contre l'ennemi. Tout ce que les corps d'occupation comptaient de tacticiens expérimentés fut réuni autour du général Damrémont, afin d'emporter cette citadelle, jusque-là considérée comme imprenable. Le duc de Nemours vint exprès de France offrir sa poitrine au péril, et prouver que devant le danger, il n'y a pas chez nous de branche cadette.

» Le capitaine Maissiat eut l'honneur d'être placé en attendant l'assaut, tout près des zouaves de Lamoricière.... Dieu nous donna le triomphe le 13 octobre 1837. Constantine était à nous; mais que cette journée avait été chèrement payée ! Le général Damrémont était tombé en commandant l'assaut; le colonel Combe, percé de part en part, avait ordonné à la mort de suspendre le dernier coup, jusqu'à ce qu'il eût rendu compte à ses chefs du résultat de l'attaque. Lamoricière, projeté en l'air par l'explosion d'une mine, avait disparu dans les ruines; il y aurait peut-être étouffé, si Maissiat, quoique aveuglé lui-même par des éclats de pierre, et l'oreille déchirée par une balle, ne l'avait recherché sous les décombres, et n'avait fait exhumer pour ainsi dire par ses grenadiers, l'illustre guerrier réservé par la Providence pour les « triomphantes défaites » de Castelfidardo et d'Ancône.

» Décoré sur le champ de bataille, l'un des plus célèbres de notre merveilleuse histoire, et félicité par le duc de Nemours, le capitaine Maissiat sembla se jurer que, désormais, tous ses grades seraient conquis par des traits audacieux de bravoure. Distingué par son courage à Milianah et porté à l'ordre général de l'armée d'Afrique, il est chef de bataillon en 1840. Le meilleur conquérant, le véritable organisateur, le premier pacificateur de notre grande colonie, celui qui se donnait à lui-même le double appui de l'épée et de la charrue, *ense et aratro*, le maréchal Bugeaud comprit promptement le mérite de M. Maissiat, dont il aimait le sang-froid, l'intelligence vive et précise, l'imperturbable fermeté. Deux fois il porta lui-même à l'ordre de l'armée le commandant d'infanterie, qui, à quelques jours de distance, en 1841, s'était distingué par son intrépidité et son énergie.

» Promu colonel en 1846, et chargé par intérim du commandement de la division de Mascara, Hubert Maissiat devint général de brigade en 1851. La France le revit, quelques jours, en résidence à Toulouse pendant l'année 1852. Mais les angoisses douloureuses, qui en ce moment pesaient sur tous les nobles cœurs, lui firent désirer de retourner en Afrique, et d'y rencontrer de meilleures occasions d'affronter la mort. Le maréchal Randon, alors gouverneur général, reprit la plume de ses prédécesseurs pour signaler aux troupes engagées dans l'expédition du Djurjura la valeur d'un officier toujours prêt à exécuter les ordres de service même les plus difficiles. Récompensé par le grade de général de division, en 1855, M. Maissiat tint à prouver que les honneurs créaient à nos yeux une obligation sacrée de porter plus haut et plus loin le drapeau national.

» La Kabylie, peuplée par une race sobre, vigoureuse, insouciante du danger, ivre d'indépendance, n'avait jamais été pleinement soumise. Tour à tour Bugeaud, Saint-Arnaud, Mac-Mahon, Camou, Pellissier, Bosquet, tous ces noms inscrits en lettres d'or sur les diptyques de la France, l'avaient parcourue en vainqueurs; mais, à mesure qu'ils s'éloignaient, l'insurrection se rallumait derrière eux. Le soulèvement général de 1855, 1856 et 1857, sembla correspondre aux mouvements militaires qui retenaient en Crimée de puissants effectifs. Mais si l'on moissonnait des lauriers à Inkermann, à Sébastopol, il en croissait aussi sur les sommets du Djurjura. Le général Maissiat recueillit, par son habileté et sa vaillance, les succès et les éloges les plus flatteurs. C'est pendant une de ces expéditions dans la province de Constantine, pour aller visiter des postes reculés et exposés, que le général, déjà blanchi par les fatigues, rencontra un tout jeune homme, distingué, instruit, actif, à peine sorti de l'École militaire, et qui venait apprendre la pratique du métier des armes. Commencée, il y a plus de trente-cinq ans, la connaissance devait se renouer ici; et si, le général, marquis de Boisdenemets, retenu loin de nous par les plus impérieuses obligations, ne conduit pas lui-même ce funèbre cortège, son cœur, je le sais, s'est ému de la plus respectueuse tristesse en voyant disparaître un vieillard qui était pour lui, en même temps qu'un souvenir de son éclatante jeunesse, l'incarnation vivante et respectée des plus nobles traditions de l'armée.

» Rappelé en France en 1858, M. Maissiat de Ploenniès fut enfin libre de se reposer. Il fut d'abord envoyé au camp de Châlons, et désigné pour les fonctions d'inspecteur général, en même temps que mêlé à la Commission supérieure de l'Algérie et des colonies. Enfin, en 1866, le général dirigea avec sa vigueur et sa prudence ordinaires, la 11e division militaire à Montpellier. Je le vois encore un peu voûté, mais ferme et énergique dans la démarche, les yeux ordinairement voilés et puis brusquement traversés par des éclairs subits; j'entends l'accent de sa parole nette et vibrante.... Hélas! ces années heureuses et paisibles sous le toit des marquis de Montcalm, prédestiné ce semble à abriter toujours des héros, passèrent trop vite.

» Avant que le général eût achevé de prendre ses dernières dispositions pour résigner son commandement, la guerre de 1870 éclata. M. Maissiat ne balança pas un instant; il sollicita directement du maréchal de Mac-Mahon l'honneur de reprendre un service actif et de « se faire casser la tête sous ses ordres. » Grâce à ce puissant appui, le général fut mis à la tête de la 2e division d'infanterie, à Réthel.

» Ici se place un épisode trop glorieux à deux officiers pour que je puisse l'omettre. Cette division faisait partie du 12e corps d'armée, dont le général Lebrun était le commandant. A peine celui-ci connut-il la destination attribuée au général Maissiat, dont il avait apprécié en Afrique les grandes qualités militaires, que, sans hésiter, il pria le maréchal de Mac-Mahon de renverser les rôles, et de le placer, lui, plus jeune divisionnaire sous la dépendance d'un général plus ancien, plus expérimenté, « se trouvant, disait-il, très honoré d'avoir à obéir à un tel chef. » Le duc de Magenta allait consentir à ce généreux échange, quand M. Maissiat de Ploenniès le conjura de ne pas lui imposer une aussi lourde responsabilité. Celui-ci fut donc remis à la tête de la division de Montpellier.

» Ce ne fut pas pour longtemps. On affecta de craindre après le 4 septembre que le salon du général Maissiat ne devînt un foyer d'intrigues politiques et cléricales, et un décret du délégué à la guerre renvoya brusquement dans ses foyers le vieux soldat, qui, durant quarante-huit ans, avait été l'une des plus pures et plus nobles physionomies de notre armée.

» Mais on ne change pas les hommes à coups de

décrets, et leur âme demeure, après comme avant, fidèle à elle-même. Je ne vous étonnerai pas en vous disant que le général Maissiat souffrit profondément de nos désastres et de nos défaites. Il prit alors le deuil de la gloire de nos armes, et ce deuil n'a fini qu'avec sa vie. On a dit, un jour, que l'armée française est « une grande muette, » et cet éloge est à retenir, car il témoigne que, chez nous, l'heure des révolutions militaires n'a pas encore sonné....

» Le général Maissiat fut un modèle de ce silence éloquent. Enfermé dans sa belle demeure, entouré de ses affections de famille, occupé d'agriculture et distrait par les belles-lettres, il ne cessait pas de suivre, avec passion, tous les intérêts de l'armée. Rien ne l'arrachait à ses méditations de « vaincu, » et tandis que d'autres moins affligés parlaient bruyamment de leurs douleurs patriotiques et de leur zèle pour la revanche, le général ne détournait pas les yeux de nos frontières, et ne cessait de pleurer sur l'amoindrissement momentané de notre territoire. Il comparait l'aurore de sa vie, empourprée par le soleil resplendissant de 1804, avec ce sombre couchant, où tant de ténèbres pèsent sur les cœurs et sur les consciences; et ses joies de père ou d'aïeul ne parvenaient pas à guérir la blessure intime que les victoires militaires et politiques de l'Allemagne lui avaient faites.

» Aussi, dans cette désolation presque sans espoir du côté des hommes, le vieux guerrier se tourna du côté de Dieu, et Jésus-Christ fut son suprême consolateur. Plusieurs années avant sa mort, il examina son âme et en purifia devant Dieu toutes les taches. Puis, il se mit à pratiquer humblement et fidèlement sa religion, simple et constant en cela comme en toutes choses. N'ayant jamais compris l'ostentation de l'incrédulité, il n'aurait pas compris davantage l'ostentation de la piété. Mais sa foi était vive, sa prière fervente, et l'élévation de sa pensée vers Dieu continuelle.

» On m'a raconté que pendant sa dernière nuit, il était sorti tout à coup de sa profonde somnolence pour répéter sur son front, ses lèvres et sa poitrine le signe sacré de la croix ; puis, de sa voix la plus forte, il avait crié : « Jésus, Jésus ! » saluant en même temps, comme si, ayant en main son épée, il l'inclinait devant le Sauveur et la lui consacrait. Et quelques heures après, je le regardais étendu sur son lit de parade, revêtu de son uniforme toujours si noblement porté, et la poitrine constellée des décorations que son sang et ses sueurs avaient payées. Près de lui son épée nue reposait, brillant sous le voile de gaze qui enveloppait les dépouilles du général. Qu'il est beau de s'endormir ainsi, béni de Dieu, entouré des siens, pleuré et admiré de ses amis, et remettant à côté de soi les armes, dont pendant la vie on a essayé de se servir avec honneur, courage et loyauté, pour défendre une grande et sainte cause!

» Qu'il est beau de les pouvoir léguer à un petit-fils qui saura les tenir et les honorer encore!

» C'est Byron, je crois, qui a dit :

« Quand vous devrez mourir, cherchez du regard » la tombe d'un soldat, marquez à côté votre place, » et demandez qu'on vous couche auprès de ce héros » endormi. Près de lui, le sommeil vous sera doux! »

» Et moi, général, j'ai fait mieux encore : j'ai pressé dans mes mains vos mains vaillantes que la mort allait glacer! J'ai baissé mon oreille pour saisir et comprendre vos dernières paroles, vos dernières pensées! Je marque, pour mourir, ma place à côté de ceux qui, comme vous, ont espéré et cru en Dieu, qui ont reçu et gardé le sceau de la Très Sainte Trinité ; qui n'ont jamais renié leur foi, qui n'ont pas dédaigné les saintes formules de la supplication chrétienne! Comme vous, comme vos frères, les vrais et fermes croyants, j'appelle à votre aide et à la mienne, pour la dernière heure, les saints anges ; j'aspire avec vous à la gloire éternelle, et j'espère, par les mérites sacrés du Rédempteur, échapper comme vous au jugement vengeur du Juge suprême.

» Puissent aussi tous les soldats de notre patrie terrestre entrer, par une vie sainte ou par une mort glorieuse, dans les joies de la céleste patrie!

» Ce fut, général, votre dernier vœu! »

Ajoutons que l'humilité du soldat chrétien s'était effrayée à la vue des honneurs funèbres qui pourraient lui être rendus. Il avait demandé la sépulture la plus simple et le corbillard de troisième classe, persuadé que ces derniers honneurs ne sont rien devant Dieu.

MORIN

GÉNÉRAL, MEMBRE DE L'INSTITUT, DIRECTEUR DU CONSERVATOIRE DES ARTS ET MÉTIERS.

(1795 — 1880)

« A l'existence si largement remplie du soldat, du savant, du père de famille, une belle fin n'a pas manqué : il a pu mourir en chrétien. » (Gén. DE SALIGNAC-FÉNELON.)

Le général de Salignac-Fénelon, sur la tombe du savant général *Morin*, a prononcé ces paroles :

« Appelé, au nom de l'armée, au douloureux devoir de dire un suprême adieu à l'un de nos chefs les plus éminents par le cœur, par l'intelligence et le savoir, il me suffit d'indiquer à grands traits la vie si activement remplie du général Morin, pour faire ressortir toute l'étendue du sacrifice que la Providence nous impose. »

L'éloge du général Morin est tout entier en ces lignes.

Entré en 1813 à l'École polytechnique, il prit part en 1814 à la défense de Paris, et sortit en 1817 lieutenant d'artillerie de l'École d'application de Metz, où depuis il devenait professeur. En 1823, il fit la campagne d'Espagne et fut cité à l'ordre de l'armée de Catalogne pour sa belle conduite au siège de la Seu d'Urgel.

Doué à un très haut degré de toutes les qualités qui constituent un officier d'élite, il parcourut, aidé de l'estime méritée de ses chefs et de la franche amitié de ses camarades, tous les échelons de la hiérarchie militaire : chef d'escadron, lieutenant-colonel, colonel, général de brigade, enfin, général de division en 1855, il fut nommé grand officier de la Légion d'honneur.

Cependant une longue paix, heureusement conservée, créait à nos officiers des loisirs que l'esprit chercheur du capitaine Morin allait brillamment utiliser.

« Émule des Piobert et des Poncelet, dit son panégyriste, il fit des travaux remarqués sur les poudres, les vitesses initiales, la résistance des milieux, les divers genres de moteurs et sur tant d'autres questions de la mécanique et de l'artillerie. Tous ses travaux lui valurent l'insigne honneur d'être reçu, dès 1843, membre de l'Académie des Sciences. »

Six ans après, le studieux officier était nommé directeur du Conservatoire des Arts et Métiers, et considéré comme l'homme le plus capable de remplir dignement ce poste.

Dans ces deux positions se reflètent les aspirations de sa jeunesse. Nous avons nommé Piobert et Poncelet. Ces hommes considérables, dont on a pu dire qu'avec le général Morin ils étaient *trois intelligences sous la même égide*, se trouvaient unis dans une active collaboration.

Poncelet, le plus illustre des trois et le véritable fondateur de la mécanique appliquée, avait ouvert magistralement la voie.

Piobert, plus réservé, mais non moins sûr dans ses conceptions théoriques, avait indiqué une première méthode conduisant à la mesure expérimentale du travail. Morin, le plus jeune, moins exigeant au point de vue de l'analyse mathématique, était plus pratique. Continuateur de Coulomb, quel labeur n'a-t-il pas dépensé à la recherche des coefficients numériques, relatifs au frottement, au tirage des voitures, au choc des corps mous, à celui des projectiles, etc.

Son dynamomètre et son Aide-mémoire ont largement contribué au développement des arts mécaniques.

C'est comme professeur de mécanique appliquée au Conservatoire des Arts et Métiers, où il fut nommé en 1839, qu'il était consulté chaque jour et donnait ses avis avec une extrême bonté, exerçant ce don de première vue qui caractérisait son talent, et lui permettait de juger en toute assurance chacune des questions de mécanique. Tel on l'a vu, d'ailleurs, à la Société centrale d'agriculture et à la présidence de la Société des ingénieurs civils.

En 1869, le général Morin avait réussi à faire nommer une commission internationale pour l'exécution d'étalons métriques de haute précision.

« Ce travail, dit M. Tresca, était, entre tous, celui qu'il tenait à terminer avant de mourir. Mais déjà les rangs de nos éminents collaborateurs s'étaient bien éclaircis : Laugier, Delaunay, Mathieu, Le Verrier, quel assemblage de noms illustres ! nous avaient été enlevés avant l'heure. Le général Morin, à leur suite, n'a pu qu'entrevoir l'achèvement des dernières opérations. Les mètres qui ont été construits sous son contrôle sont, dès maintenant, des monuments de la science française signés de nos larmes et datés de sa fin. »

Voici un trait de sa vie qui fait bien connaître le cœur du savant :

« C'était en décembre 1851, raconte M. Tresca. Les droits d'un de nos éminents confrères avaient été sacrifiés. Le colonel Morin, qui n'était pas encore en possession du prestige de sa haute position de ces derniers temps, court chez le ministre, lui affirme et réussit à lui démontrer que sa religion a été surprise, et parvient à faire rapporter le soir même le décret fâcheux déjà transmis au *Moniteur*. »

Voici un autre détail qui est à la fois un exemple et une leçon pour les jeunes gens de nos écoles. Le vieux professeur, ce savant qui n'avait point de maître et dont la plupart des professeurs de science appliquée étaient les élèves, s'était astreint, à l'âge de quatre-vingt-quatre ans, à réapprendre presque en secret ses mathématiques élémentaires, qu'il était bien en droit d'avoir un peu négligées. Par tous les temps et deux fois par semaine, il allait en donner des leçons à son petit-fils, candidat à l'École de Saint-Cyr.

Pour résumer cette vie si bien remplie, nous dirons avec M. Tresca :

Savant, sa carrière a été laborieuse et utile ; il y est arrivé au premier rang.

Soldat, il a su faire son devoir en toutes circonstances, sur le champ de bataille comme dans les conseils ; les premiers grades s'y sont fait attendre sans qu'il s'en plaignît ; les plus élevés, au contraire, l'ont pour ainsi dire attendu.

Administrateur, son passage a été fécond en œuvres sérieuses, et le Conservatoire des Arts et Métiers, tout seul, suffirait amplement à l'honneur de sa mémoire. Sa vie précieuse a été couronnée de ces trois auréoles, auxquelles est venue se joindre une autre plus précieuse pour nous catholiques, celle de l'homme de conscience et de foi sincère, qui sut constamment mettre sa conduite en parfait accord avec ses convictions chrétiennes.

C'est ce qu'a proclamé sur sa tombe M. le général de Salignac-Fénelon :

« A l'existence si largement remplie du soldat, du savant, du père de famille, une belle fin n'a pas manqué : dans la plénitude de ses facultés intellectuelles, il a pu bénir les siens et mourir en chrétien comme il avait vécu. »

Sa vie fut l'union pratique de la science et de la foi, argument irréfutable contre la science matérialiste (1).

PLAS (François de)

CAPITAINE DE VAISSEAU, JÉSUITE.

(1809 — 1888)

> « Noble nature, qui, avant même d'être transfigurée par la grâce connaissait tout le prix du détachement et n'aspirait à rien de vulgaire. »

« Ce n'est ici ni l'heure, ni le lieu, disait l'amiral de Cuverville sur la tombe de *François de Plas*, de retracer ce que fut la carrière du vaillant chef, du vénéré

(1) *Artistes, littérateurs et savants au XIXe siècle.* Tome I, chez Lefort. Lille.

religieux, auquel nous rendons les derniers devoirs. Cette vie si féconde en exemples de dévouement, d'abnégation et d'humilité parfaite, sera retracée, j'en ai l'espoir, par ceux qui furent ses frères dans la foi. »

Cette vie, en effet, vient d'être écrite par le R. P. Mercier (1), et comme elle est de celles qui portent de hauts enseignements, elle a besoin d'être étudiée avec soin pour l'édification et l'instruction de nos lecteurs, car c'est la vie d'un homme charmant et d'un parfait chrétien, qui sut joindre à toutes les grâces de l'esprit et aux plus nobles manières un cœur généreux et plein de foi.

Né en 1809, à Saint-Romain (Charente), François de Plas obtint une bourse à l'école de Senlis, où il trouva des compagnons d'étude, tels que Canrobert, Ladmirault et tant d'autres sujets d'élite ; il y rencontra également des maîtres indignes de donner l'éducation morale et religieuse à la jeunesse. A Vaugirard, où le jeune homme rentre quatre ans après, l'enseignement religieux était totalement négligé :

« Bien qu'ayant eu le prix d'excellence en quatrième, écrivait François, j'ignorais complètement le Catéchisme. Sauf une vague crainte de l'enfer, je n'avais pas l'idée de croire à la Révélation ; je ne me doutais pas que Notre-Seigneur fût présent sur l'autel, et la procession de la Fête-Dieu ne me disait rien au cœur. »

Il fit cependant sa première communion, dans quelle disposition, on le suppose facilement. Cette insuffisance

(1) Paris. Retaux-Bray, 2 vol. in-8°.

de l'instruction religieuse devait avoir les plus tristes conséquences pour l'enfant, qui demeura vingt-cinq années sans renouveler sa communion.

« La jeunesse, écrivait-il, se perd dans mille désordres, non seulement par le mauvais exemple et la tendance naturelle, mais encore par l'ignorance de la loi de Dieu et l'oubli du Catéchisme. Je crois donc qu'il est important de ne jamais lancer un jeune homme dans le monde, sans s'être assuré qu'il sait bien son Catéchisme, et qu'il le possède de manière à ne pouvoir prétexter l'ignorance, s'il vient à faiblir. »

La vocation de François pour la marine se dessina bientôt au collège par les relations contractées avec des élèves qui partageaient ses goûts, et s'étant préparé aux examens qui donnaient entrée à l'École navale, il fut reçu le septième sur deux cents. Ce succès magnifique d'un enfant de quatorze ans fut une grande joie pour toute la famille, et pour le jeune homme dont l'avenir apparaissait sous les plus riantes couleurs.

Cependant François continuait à travailler avec ardeur, et ses notes étaient excellentes.

Un jour, un événement, pour tout autre de peu d'importance, vint jeter quelque variété sur le cours de ses études. Un évêque, invité par le commandant à visiter l'école, y fut parfaitement accueilli; on le pria même de dire quelques mots à la chapelle, et, dans l'élan de son zèle pour ces enfants, il développa ces paroles : *Pratiquez, et vous croirez.*

François en fut frappé, et cette pensée tombée dans

son esprit y demeura pour germer et s'épanouir au jour de sa conversion.

En 1826, de Plas arrivait à Toulon pour s'y embarquer et commencer la vie d'aspirant.

« Lancé sans appui, sans conseil dans la vie maritime, au milieu de jeunes gens qui n'aspiraient qu'à une vie de plaisirs, qu'à l'orgueil de la science et à la satisfaction de grossiers penchants, je n'ai plus eu d'autre frein que le manque d'argent pour me satisfaire.... Comment ai-je pu revenir de l'abîme où je m'enfonçais chaque jour? »

Cet aveu montre bien les penchants qui dominaient le cœur de l'adolescent à cet âge si décisif pour son avenir.

Naviguant alors dans le Levant, de Plas voulut cependant faire une visite aux Saints Lieux à Jérusalem et entendre la messe sur le mont des Oliviers.

Sa mère, femme chrétienne et pieuse, devait naturellement se préoccuper des dangers d'une telle vie pour son fils qui n'avait point, hélas ! pour se soutenir, l'inébranlable appui de la religion. Remplie de sollicitude maternelle, elle lui écrivait donc pour lui donner de sages avis que son cher François eut la sagesse de comprendre. Peu après, il répondait à cette excellente mère :

« J'espère profiter des bons conseils que tu me donnes, et je les relirai souvent, afin de ne pas les oublier. Il n'est que trop vrai qu'on s'occupe peu de religion dans la marine ; elle serait pourtant d'un grand soutien dans les contrariétés, les fatigues et les peines qui sont fréquentes dans notre métier. »

« Je ne vivais alors que pour moi, écrira-t-il plus tard, perdant de vue le Tout-Puissant qui m'avait donné et qui me conservait la vie.... J'aurais pu mourir, Dieu ne l'a pas permis. Où serais-je, si la mort m'avait surpris dans ce long abandon de la loi de Dieu, dans ce coupable oubli de mes devoirs ? »

Nommé lieutenant de frégate en 1834, de Plas abandonna sans regrets la corvette sur laquelle il avait parcouru la Méditerranée, car ce genre de campagne ne lui plaisait qu'à moitié, et comme il le disait : Quand on est marin, il faut courir le monde. Tout entier à ce rude métier qui absorbait son temps et son activité, l'officier de marine songeait avant tout à bien servir, sans se soucier beaucoup de son avancement. Il continuait, en effet, de servir avec zèle, de manière à mériter l'approbation de ses chefs qui l'avaient toujours en grande estime.

L'étude était pour lui le seul moyen capable de faire supporter les peines de son service. La pensée ne lui venait pas même de les chasser à l'aide de la religion :

« L'idée de jouir de quelque bonheur me fera supporter avec patience bien des ennuis, bien de petits tracas qui se cramponnent facilement à nous dans la navigation. Je les chasserai par l'étude (1)?... J'ai fait l'acquisition des *Essais* de Montaigne. Le vieux gentilhomme périgourdin est d'une naïveté, d'une bonhomie qui réjouit; il procède à ses jugements avec un sens,

(1) « J'aime cette pensée de Montaigne, ajoutait-il, les bons livres sont la meilleure munition que j'ai trouvée en cet humain voyage. »

une droiture qui rendent sa philosophie des plus aimables. »

On voit que François de Plas était loin de se convertir, quand il porte ce jugement trop favorable sur un ouvrage dont les doctrines se résument sur la fameuse èpigraphe du doute : Que sais-je ? Malgré les douceurs de l'étude, il n'est pas moins vrai que le jeune officier souffrait dans son âme, car nous lisons dans le *Journal privé* qu'il écrivit pendant sa carrière maritime, cette réflexion, indice du travail de son esprit :

« Si j'avais rencontré un bon religieux ou un saint prêtre qui se fût occupé de m'instruire, je n'aurais probablement pas tant différé mon retour à Dieu. »

Bien qu'il se trouvât, en 1840, dans l'un des plus beaux pays du monde, à Rio-Janeiro, où tout semblait le solliciter au plaisir, François de Plas mène une vie studieuse. Il ne lisait que les livres sérieux, il les lisait et les relisait attentivement, convaincu que la nourriture de l'esprit, comme celle du corps, a besoin d'être digérée pour qu'on puisse se l'assimiler :

« Il vaudrait mieux ne pas les lire, si on ne compte pas les méditer.... L'œuvre d'un homme de génie, étudiée avec soin et approfondie, nous met presque à côté de lui. »

C'est en les méditant qu'il lut l'*Histoire universelle* de Bossuet, l'*Économie politique* de Say, et d'autres ouvrages sérieux vers lesquels l'entraînait la pente de son esprit. Il étudiait également les écrits des philosophes auxquels on le voyait emprunter une foule de maximes sur les vertus naturelles, la sobriété, le silence, l'ordre, la justice, la modération, etc., pour en faire la règle de sa vie, lorsque l'*Imitation de Jésus-Christ* lui tomba entre les mains et lui ouvrit des horizons nouveaux. Déjà dès 1840, il parlait en ces termes de ce beau livre :

« J'ai bien tort de ne pas lire plus souvent l'*Imitation de Jésus-Christ*. Les deux ou trois chapitres que j'ai lus ce soir m'ont fait le plus grand bien. Mon *spleen* s'est promptement dissipé. J'aime beaucoup la philosophie d'abnégation de soi-même de cet ouvrage. Un bon livre est le baume du cœur, baume qui est infaillible contre les peines de l'âme. Il est incompréhensible que les livres de saine morale soient aussi généralement dédaignés (1).

François de Plas était une âme de bonne volonté, mais qui allait apprendre à ses dépens que la nature

(1) La lecture de l'*Imitation* séduit toujours les esprits droits dont l'impiété n'est pas systématique. Voici ce qu'en écrivait M. Chantavoine dans le *Journal des Débats*, en 1890 : « L'Imitation de J. C. est un de ces beaux livres, à la fois douloureux et consolants, qui seront longtemps encore, espérons-le, un des bréviaires de la vieille humanité. Le chrétien y viendra recueillir son âme le mondain y goûtera cette solitude intérieure qu'effarouche le bruit du monde ; l'artiste lui-même, poète ou romancier, pourra y trouver une inspiration... L'*Imitation* ne prêche pas l'insensibilité ; elle nous apprend, ce qui vaut mieux, la résignation ; elle nous enseigne ici-bas, la douceur et la paix ; elle nous montre le bien à défaut de la sainteté pour but de la vie, le devoir pour règle et la conscience pour témoin. On reconnait à leur caractère et à leur œuvre ceux qui ont lu l'*Imitation* de bonne foi, et non point par genre et du bout des lèvres, mais pour devenir silencieusement plus simples et plus purs, et suivre jusqu'à la mort le meilleur chemin. Augurez favorablement de tout jeune homme qui aura eu l'*Imitation* pour livre de chevet ; il aura l'imagination plus chaste, l'âme plus virile, la résolution plus ferme ; écrivain, il rougira de salir sa plume de malpropretés et de niaiseries. » Ce journal, non clérical, parle ici comme un auteur de spiritualité, tellement est puissante la lecture de l'*Imitation*.

se trouve bien faible en présence des passions, si elle n'est soutenue par la grâce divine. Souvent on l'entendait se plaindre d'avoir en vain essayé de devenir meilleur avec le seul secours de la philosophie, bien qu'il se félicitât des lumières acquises, d'une manière bien opposée à l'humilité chrétienne :

« Il est très vrai que, dans la pratique, je suis joueur et léger, mais je dois reconnaître que mes études n'ont pas été inutiles, et je me sens capable, dans certaines circonstances, d'un grand désintéressement, d'un dévouement sans bornes aux intérêts, à l'honneur de mon pays. »

On voit qu'il manquait à l'officier une lumière qui lui fera défaut longtemps encore, celle de la foi. Aussi le verrons-nous chercher, en tâtonnant, sa voie, comme un homme dans les ténèbres. Lui-même nous raconte son état de doute avec une sérénité d'expression qui ne peut être que très instructive pour les pauvres âmes travaillées de la même maladie :

« J'ai parcouru maint et maint ouvrage de philosophie religieuse; tout cela n'a abouti qu'à faire de moi un homme qui n'a aucune conviction, aucune idée arrêtée, qui n'est vertueux sur quelques points que par routine, qui ne connaît d'autre frein que le ridicule ou les lois. J'ai vraiment trop vécu; plus je vais, plus je me méprise, plus je méprise les autres.... Il est fort embarrassant pour celui qui n'a pas de religion de savoir quelle conduite tenir dans les circonstances épineuses de la vie. A quoi sert de se gêner quand on ne croit plus à rien? Que devient la probité? Que signifient l'honneur, la vertu, le devoir? C'est à qui prendra la plus large part au soleil : on n'a pas à jouir longtemps de ses rayons, peu importe que d'autres en soient privés! Je ne puis m'empêcher de songer avec douleur qu'il a été inutile pour moi de tendre de toutes mes forces vers le développement du sentiment religieux. Le résultat n'a rien produit. Je suis encore honnête homme par routine; j'ai peut-être quelques sentiments élevés, mais *je marche dans la vie sans but, sans plan, c'est triste!* »

Oui, une vie sans orientation vers Dieu est bien triste et bien capable de mettre le désespoir au cœur. Cependant ce retour sur lui-même était un commencement de retour vers Dieu; ce regret du passé était un désir de mieux faire, et c'est un pas en avant. S'il n'avait pas encore la foi religieuse, de Plas comprenait qu'elle devenait un frein nécessaire pour régler sa vie : c'était beaucoup :

« J'essaie souvent, disait-il, de revenir à des idées religieuses. Je ne connais rien de plus sot que cette phrase : La religion est bonne pour le peuple. Il n'est pas un individu doué d'un peu de raison qui ne soit convaincu que nos mauvaises inclinations, que nos passions n'aient besoin d'un contrepoids ; et quel serait ce contrepoids, sinon la crainte de Dieu. »

D'autre part, ce cœur malheureux constate qu'il ne parvient pas où il voudrait arriver :

— Je vois avec peine que les idées religieuses s'effacent peu à peu de ma tête. Le séjour du bord, le mouvement des grandes villes arrêtent les élans de la pensée vers Dieu. C'est dans la solitude des campagnes que l'âme émue des beaux spectacles qui s'offrent à elle, sent le besoin de se replier sur elle-même et de réfléchir, de renvoyer ses émotions vers Celui qui en est l'auteur.

De Plas en était là quand il sentit s'échapper de son cœur ce cri de la prière qui exprimait tous les besoins de son âme :

— Depuis longtemps je néglige la prière, cet acte d'humilité de la créature envers Dieu. Pourtant je me sens plus fort, plus heureux quand j'ai prié.

Et il prie en effet.

— Mon Dieu, s'écrie-t-il, soutenez-moi; donnez-moi la force de triompher des passions mauvaises; éclairez-moi sur ce qui est bien ; accordez-moi assez de sagesse pour me conduire suivant vos lois, assez d'humilité pour n'essayer jamais de pénétrer vos secrets.

Cette nouvelle situation d'esprit était, pour François de Plas, une étape dans la bonne voie, mais combien le but qu'il poursuivait était encore éloigné! et comme irrésolu, il s'attarde encore sur le terrain d'une stérile philosophie :

« J'ai toujours un peu de philosophie mêlé à l'ambition, » écrit-il en 1841, ce qui ne suffit pas à le préserver des dangers auxquels l'exposent ses passions. « Vers 1841 ou 1842, me trouvant en chambre à Brest, j'avais des accès de tristesse : *Pudebam non esse impu-*

dentem. J'étais alors honteux de n'être pas assez libertin pour devenir, comme on dit, un homme à bonnes fortunes. »

Heureusement sa pensée se reportait vers sa mère qu'il se représentait comme un modèle de toutes les vertus. On était dans le temps pascal, et peut-être Mme de Plas y avait-elle fait allusion dans une lettre à son fils. C'est du moins ce qu'on peut supposer en lisant ces réflexions du *Journal privé* à la date du jour de Pâques :

« Ce soir j'ai prié Dieu, et il m'a semblé que cette faveur de penser à la Divinité était due à l'intervention de mon excellente mère qui aujourd'hui aura prié pour ses enfants. »

C'est le même sentiment qui l'inspire quand, pendant son séjour à Brest à cette époque, il visite l'église principale :

« Je m'y agenouillai. Je visitai une autre église. Un grand nombre de pauvres gens priaient avec ferveur. Je m'empressai de les imiter, et j'en éprouvai une foi indéfinissable. Quelle chose admirable que cette religion qui nous fait tous égaux devant Dieu, qui met en morceaux, qui déchire ces étiquettes dont nous nous parons : rois, ministres, employés plus ou moins salariés!... *Il y a des moments où j'espère arriver à être un homme religieux*. »

Mais cette tendance vers la religion, de Plas ne veut encore pas lui attribuer d'importance; car après plusieurs stations en différentes églises, il écrit comme une chose indifférente : « Cela ne tire pas à conséquence. »

N'était-ce pas cependant la grâce qui poursuivait un cœur se dérobant à l'action divine et d'où jaillissait chaque jour cette belle prière :

— Mon Dieu, daignez m'éclairer; donnez-moi l'intelligence de distinguer le bien du mal, la force de pratiquer l'un et d'éviter l'autre. Éteignez en moi les désirs ambitieux, les penchants contraires à vos lois. Vos mystères sont incompréhensibles; le raisonnement est aux abois dès qu'il veut les interpréter. Que je ne me pose pas en juge de mes semblables; vous seul savez, ô mon Dieu, leur but, leurs secrètes pensées, l'influence à laquelle ils sont soumis. Que je ne m'enorgueillisse pas d'être plus heureux en apparence que beaucoup d'hommes. Le vent de l'adversité peut, d'un moment à l'autre, souffler sur moi; s'il vous plaît qu'il en soit ainsi, donnez-moi, ô mon Dieu, le courage de supporter mes maux!

« Comment se fait-il, ajoute avec raison son biographe, que cette âme naturellement chrétienne resta plus de quatre années encore sans jouir des bienfaits de la foi? Mystère! »

Après une campagne maritime de trois ans, en 1844, le lieutenant de vaisseau était allé en congé emportant l'estime et l'affection de ses chefs et en particulier du capitaine de frégate Lapierre, qui le signalait au Ministre comme « un officier capable et instruit, zélé et actif. »

De Plas retrouva ses parents et goûta près d'eux le bonheur de les revoir après une longue absence. Il refusa d'aller à Paris, comme on le lui conseillait, prendre part à ce qu'il appelait *la course aux honneurs*, au ministère de la marine. Il aima mieux s'occuper d'œuvres autrement sérieuses, se livrant à l'étude de la religion et à la visite des pauvres. Mais en vain demandait-il la lumière, son âme demeurait toujours dans l'obscurité :

« Mon âme, écrivait-il le Jeudi Saint, est troublée autant que possible. Je cherche Dieu, je cherche la vérité, je me jette dans la voie suivie par des génies de premier ordre, je pratique la religion chrétienne, mais la route que je suis m'inquiète. Où vais-je? A peine aperçois-je quelques lueurs pour me guider. Ce matin, j'ai été à la messe ; ce soir, au *Stabat;* je viens de lire le Catéchisme. J'ai causé religion avec ma mère, avec le curé. Je voudrais pouvoir communier à Pâques, mais la foi, la croyance à la vérité de la religion chrétienne ne me sont pas encore venues. »

Un mois encore s'écoula pour de Plas près de sa famille, et, son congé terminé, comme il était destiné à entrer à l'arsenal de Rochefort il prévit ce qui allait lui arriver dans ce tourbillon d'une vie tout occupée aux choses extérieures. Aussi essaie-t-il de se précautionner par quelques bonnes résolutions :

« Que je serais heureux d'avoir la foi! s'écrie-t-il de nouveau. Je suis effrayé d'être de nouveau lancé dans le tourbillon sans une foi vive dans la religion chrétienne.... L'heure de la grâce n'a pas encore sonné. Cela me met dans une position embarrassante.... Dieu n'a pas permis que la foi me vînt tout de suite; je m'efforcerai de me maintenir, malgré cela, dans l'observation de la religion. Ce que j'ai à faire, c'est de m'appliquer à la vertu, de pratiquer sans exagération tout ce qui est praticable pour quelqu'un qui n'a pas la foi, et d'attendre le jour où il plaira à Dieu de me délivrer des ténèbres qui me cachent la vraie route.... Jésus-Christ n'a-t-il pas dit : « Paix sur la terre aux hommes de bonne volonté? »

Ces sentiments religieux n'étaient point stériles. François avait résolu *de se porter en avant*, et pendant quelques mois, il a le courage d'assister à la messe, un livre à la main; de s'abstenir d'aliments gras le vendredi et le samedi. Bientôt il fait un pas de plus en assistant en uniforme, d'abord à la messe de six heures, puis à celle de huit, et s'écrie triomphalement :

— J'ai passé le Rubicon, « tout joyeux de la victoire remportée sur le respect humain. » Dès que je me sentirai assez affermi, j'irai à la grand'messe et aux vêpres.

Puis vinrent la lecture des livres de piété, la prière, l'exercice de la charité envers les pauvres de Rochefort, tout cela inonde son cœur d'un contentement délicieux.

Mais hélas! ce bien acquis allait être perdu en peu de temps. Vers le milieu de juin commencèrent de pénibles hésitations qui le ramenèrent en arrière, et on le surprend à s'écrier :

— Je crois rêver quand je me rappelle les premiers mois de mon séjour ici : j'assistais chaque jour à la messe, je faisais maigre le vendredi et le samedi.

Voilà ses pratiques religieuses en partie abandonnées, tant est pénible la conversion pleine et entière, quand le courage fait défaut dans la lutte contre les penchants mauvais.

A partir de cette époque jusqu'en 1848, les occupations extérieures prennent résolument le dessus dans la vie du lieutenant de marine; il occupait alors le poste d'aide-de-camp de l'amiral Casy :

« Je me trouve, écrit-il, dans une des circonstances si rares dans la vie où un homme est content de sa position. »

Aussi cette joie tout humaine lui fait oublier le service de Dieu. Une autre circonstance l'amena également à négliger ses bonnes résolutions passées, ce fut son embarquement en 1845 pour Madagascar, où il n'emportait, écrivait-il à sa mère, que sa *philosophie religieuse*. C'était vraiment peu pour le préserver de toute chute et le ramener à la vérité.

Nous le retrouvons cependant encore fidèle à la prière de chaque jour, ce qui n'empêche pas sa retraite en arrière :

« Il y a un an qu'à pareille époque je formais les plus belles résolutions. Le mouvement et l'agitation dans lesquels je n'ai cessé d'être m'ont détourné des pensées salutaires. Puissent-elles revenir un jour plus fortes! Je ne cesserai de demander à Dieu la lumière nécessaire pour marcher dans la voie droite. »

Cette situation d'esprit, avec des intervalles de regrets

et d'irrésolution persista jusqu'en 1848. A la suite d'une violente tempête où il faillit périr, il écrivait :

« Puissé-je ne jamais oublier ce que je dois à Dieu pour m'avoir arraché au naufrage, alors que mon cœur ne lui appartenait pas encore et se laissait conduire par les passions et les inspirations du mauvais esprit. »

En 1848, nous retrouvons François de Plas en sa famille pendant un congé de trois mois. Il vient d'être nommé capitaine de corvette à trente-huit ans. Grand, droit, élancé, d'une tenue irréprochable, d'un maintien sévère, il avait grand air et portait la tête haute. Distingué dans ses manières, d'une conversation intéressante, il passait pour sévère vis-à-vis des autres comme de lui-même. Les jeunes officiers l'admiraient. L'un d'eux s'écria plus tard au moment de sa mort :

— Quel bel homme c'était !

On l'estimait surtout pour la dignité de sa conduite. Soit fierté, soit modestie, il avait toujours négligé d'employer à son avancement les occasions favorables. Il se contentait de bien agir, sans se soucier qu'on s'en aperçût. Noble nature, qui, même avant d'être transfigurée par la grâce, connaissait tout le prix du détachement et n'aspirait à rien de vulgaire !

La question religieuse, néanmoins, l'occupait sans cesse :

— Je suis, disait-il, un homme qui voudrait être religieux, charitable, doué des qualités qu'apprécient la famille et le pays, et qui, cependant, reste engourdi et sans force pour faire le bien ou cultiver ses facultés....

Ce n'est pas tout d'avoir de bonnes intentions, il faut de l'intelligence et de l'énergie pour leur donner un cours utile. »

Et il inscrit pour la répéter sans cesse, comme une maxime de sa vie, cette définition du bonheur, lue dans Aristote :

« Le bonheur est une application des facultés de l'âme à la vertu. »

Dans le but de s'instruire des vérités religieuses, François de Plas lisait beaucoup les *Soirées de Saint-Pétersbourg* et les *Conférences de Frayssinous*, et il avouait même que ses idées philosophiques avaient été fortement battues en brèche par les vigoureux raisonnements de ces deux apologistes de la foi :

« Je m'aperçois chaque jour de cette vérité si répandue : peu de science éloigne de Dieu, beaucoup de science y ramène. »

Aussi avant de reprendre son service à Brest, il prend de nouveau les résolutions prises autrefois et oubliées depuis, de s'adonner à plusieurs pratiques religieuses, comme d'assister à la messe, au sermon, faire des œuvres de charité, étudier la Sainte Écriture.

« Si je n'ai pas encore la foi, dit-il ensuite, c'est que Dieu veut me purifier davantage de mes fautes passées. »

De Plas arrivait à Brest au moment de la Révolution de 48; il fut tout bouleversé et confus de ces événements :

« Jamais chute n'a été plus éclatante, jamais révolution ne sortit d'aussi minces débuts ; jamais vainqueurs ne furent plus étonnés de leur victoire. Chose étrange! pas un drapeau levé après quelques heures de lutte. La raison est confondue, je suis humilié, honteux d'être Français. »

Ces tristes événements : l'instabilité politique, un trône séculaire renversé, donnent aussitôt un autre cours à ses idées, ils poussent son âme à devenir pratiquement chrétienne, et, cette fois, le pas en avant va devenir irrévocable : le moment décisif approche, la lumière surnaturelle, qu'il appelle depuis longtemps, va enfin briller à son esprit. Laissons-le nous raconter en toute sincérité les circonstances de sa tardive mais solide conversion.

« Lu deux chapitres des *Conférences de Frayssinous*. Quelques lueurs de la foi ont éclairé mon esprit; elles m'ont servi de guide dans mes premières démarches pour revenir à la religion. J'ai été ce matin à la cathédrale (Saint-Louis) et j'ai demandé à voir le curé; il était absent. Plus tard ma bonne fortune m'a fait rencontrer un de mes camarades qui m'a indiqué l'aumônier de l'hôpital comme un excellent prêtre. Je me suis dirigé de suite vers sa demeure, et après lui avoir dit la situation de mon âme, je lui ai demandé s'il pouvait me confesser. Mes dispositions lui ont paru suffisantes. Je me suis confessé et j'ai reçu l'absolution.

» C'est donc une vie nouvelle que je commence.... Il y a longtemps que je n'avais connu un si beau jour. Viennent maintenant les moments d'épreuve! J'ose espérer que je resterai ferme. Je me sens un tout autre homme : Dieu veuille maintenir en moi ces dispositions. »

C'était le 29 février 1848, date à jamais mémorable dans sa vie, et qui pendant quarante ans sera pour lui l'occasion de continuelles actions de grâces.

Aussitôt il veut faire part de la bonne nouvelle à sa mère :

« Je suis sûr que ton cœur de mère s'en réjouira plus que si ton fils François avait emporté un vaisseau à l'abordage. Quant à lui, il en est certainement beaucoup plus heureux ! Je m'applaudis chaque jour d'être rentré dans la bonne voie. Tu peux certifier au curé de Saint-Romain que les *Soirées de Saint-Pétersbourg* ont beaucoup contribué, avec les *Conférences de Frayssinous* à éclairer mon esprit. Il y a plus d'ignorance qu'on ne le croit chez les hommes irréligieux : la plupart n'ont lu avec attention aucun des ouvrages propres à les faire profondément réfléchir. »

Dans le milieu où il vivait, de Plas eut le bonheur de rencontrer beaucoup d'officiers de marine, hommes d'intelligence et de cœur, revenus comme lui, depuis un temps plus ou moins long, à la pratique religieuse. Parmi eux étaient le capitaine de vaisseau Bernaërt, et les lieutenants de marine Maillard, Clerc, Barbet de Cintré, de Kersauson, de Cuers, de Bocquemaurel, de Jonquières (depuis amiral), puis MM. Delamotte, Duveyrier, d'Aboville, convertis par les ouvrages de M. Auguste Nicolas.

Dans le bonheur de son retour à Dieu, François sentit au fond de son cœur, comme toute âme généreuse, le désir de se consacrer à lui dans l'état ecclésiastique. C'est en lisant la vie de saint Vincent de Paul que tomba dans son âme ce premier germe de vocation qui mûrira vingt années avant d'arriver à son entier développement.

« Je ne vois rien de si beau, écrivait-il, que l'état ecclésiastique compris à la manière de saint Vincent de Paul. C'est à briser son épée pour prendre la soutane. »

C'était bien la générosité la plus ardente. Toutefois en homme prudent qui ne *s'emballe* pas sur l'heure, le néophyte ne céda point à ce moment de ferveur subite, il demanda conseil à Dieu et à ses saints avant de prendre une détermination.

La réponse ne se fit pas attendre. Et un mercredi des Cendres après avoir assisté à la messe, il écrit :

« On peut faire son salut dans tous les états. Dieu m'a tiré de l'irréligion à Paris, ville de désordres et de débauches. Pourquoi quitterais-je la marine? N'y a-t-il pas des grâces d'état, et n'est-il pas aussi profitable au prochain de faire le bien à côté de lui que de fuir au désert. Cette vie est courte, et c'est un léger sacrifice que de souffrir un peu, quand on voit le ciel comme fin. Travaillons donc avec ardeur à marcher dans la bonne voie, tout en gardant notre place dans la société. Espérons que s'il y a plus de dangers, il y a aussi plus de grâces. Demandons souvent à Dieu de nous soutenir, et si, vraiment, la lutte devenait impossible... fuyons! »

Le commandant de Plas devait être apôtre dans le monde avant de l'être d'une manière plus parfaite dans la vie religieuse, et ce rôle d'apôtre commença dès le lendemain de sa conversion. Entré dans la Société de Saint-Vincent de Paul qui répondait à son zèle de charité, il fit la connaissance intime de M. Clerc, enseigne de vaisseau, converti depuis peu et depuis martyr de la Commune (1). Mais une pensée surtout occupait son esprit et son cœur, c'était celle de la communion qu'il n'avait pas faite et qui était nécessaire comme le sceau de son retour à Dieu. Il renonça, dans ce but, à tout ce qui pouvait le distraire de cette préparation, et refusa même la situation avantageuse que lui offrait l'amiral Desfossés, celle de major aux équipages de ligne, et appliqua tous ses soins à la préparation de la grande affaire. Enfin le 11 avril, mardi de la Passion, il eut le bonheur de faire ses pâques et de renouveler sa première communion. Ce fut pour de Plas un grand bonheur. Il le raconte en ces termes à sa mère :

« Le 11 avril fera époque dans mon existence : il a été pour moi un jour de félicité, un avant-goût du ciel. C'en est maintenant fini, je l'espère, avec les erreurs si accréditées dans le dernier siècle. Oui, je sens en moi une nouvelle vie. Chaque jour la lumière se montre plus éclatante, et je trouve de nobles cœurs avec qui échanger mes idées. »

Il se trouvait si heureux qu'il eût voulu amener tout le monde à partager sa joie intérieure.

« Je me sens si à l'aise, depuis que je me suis franchement rallié à la religion chrétienne, que je prêche ceux de mes camarades avec lesquels je vis, d'entrer aussi dans la même voie. Je leur dis que c'est leur ignorance qui cause leur irréligion. J'ai décidé l'un d'eux à lire et à entendre les prédicateurs. »

Ce zèle d'apôtre nous le verrons dans la suite s'exercer,

(1) Voir sa biographie au tome I de cet ouvrage.

comme une excellente disposition à la vocation religieuse, en plusieurs circonstances : dans les travaux du Conseil d'amirauté dont il devint membre, dans l'*Adoration du Saint-Sacrement, l'organisation du parti catholique* où il prit une grande part ; dans la création de l'*Aumônerie de la marine* et aux bienfaits qui en ont résulté, et dans la *Commission pour les missions* données par les Jésuites aux bagnes de Rochefort et de Toulon. Aucun chef de la marine ne comprenait mieux le rôle de ces œuvres par rapport aux devoirs d'état et de société :

« Je ne regarde pas, disait-il, comme du temps perdu pour la marine celui que j'emploie à la prière et aux bonnes œuvres. La religion, en refrénant nos penchants vicieux et en nous arrachant aux plaisirs des sens, élève nos facultés intellectuelles et morales, soutient notre zèle au milieu d'occupations pénibles, et nous donne, avec un sentiment plus éclairé de nos devoirs, cet esprit de justice et de charité qui rehausse la dignité du commandement. »

De Plas marchait à pas rapides dans la voie où il était entré et devenait pour ceux qui l'entouraient un sujet de grande édification. Les situations diverses où l'élevaient son mérite et ses fonctions étaient pour lui autant d'occasions de procurer la gloire de la religion, qu'il pratiquait si parfaitement et si sincèrement. On ne pouvait pas dire que sa conversion fut une affaire d'intérêt, ni l'effet d'un moment d'enthousiasme. D'assez longues années s'étaient passées dans la réflexion, l'incertitude, l'étude et le raisonnement pour qu'on ne pût l'accuser de légèreté d'enthousiasme irréfléchi. Désormais de Plas était ancré dans sa nouvelle vie, il y goûtait un bonheur bien supérieur à tous les plaisirs que son cœur avait connus jusque-là. Il ne faut donc pas s'étonner de voir comment, au lendemain de sa conversion, des idées de vocation ecclésiastique s'éveillèrent au fond de son âme. Mais la pensée de cette seconde étape mûrissait avec lenteur comme celle de la première, et en attendant il restait dans la marine.

« J'y suis très résolu, écrivait en 1850 le commandant ; c'est dans la marine que ma vie a été scandaleuse, c'est dans la marine que je dois donner le bon exemple si Dieu veut bien me seconder de sa grâce.... Le dévouement d'un homme sincèrement religieux est sans bornes ; toujours il placera l'intérêt de son pays avant le sien, et l'intérêt de la morale, loi suprême des nations, avant celui de son pays. »

Ces principes si honorables, le capitaine de Plas fut bientôt à même de les mettre en pratique dans la haute situation où il fut élevé. L'amiral Desfossés, nommé ministre de la marine en novembre 1849, l'appela près de lui comme premier aide-de-camp. Chrétien comme il l'était, on conçoit que, dans cette position importante, le capitaine de Plas dut se préoccuper des âmes autant que des corps. C'est dans ce but qu'il s'occupa de l'établissement de l'aumônerie dans la marine :

« J'attache, disait-il, la plus grande importance à la présence de bons prêtres à bord de nos navires ;

ils doubleront la valeur morale de nos équipages et ramèneront, je l'espère, beaucoup d'hommes à la religion. Je tiens à prouver qu'on peut allier les qualités militaires avec la pratique religieuse. »

A cette époque, il voulut mettre à exécution le projet, conçu par le lieutenant Marceau, de consacrer son temps et ses soins à équiper des navires pour le service des Missions catholiques à l'étranger. Après avoir consulté le Souverain Pontife, de Plas obtint du ministre de la marine de prendre le commandement d'un vaisseau : *le Cassini*, destiné au service des missionnaires de l'Extrême-Orient; mais au moment de partir avec deux lieutenants, ses seconds choisis par ses soins, il apprit du gouvernement, à son grand regret, que la campagne qui, dans sa pensée devait être un voyage autour du monde, pour visiter les principaux centres de missions, ne serait qu'une simple station dans les mers de Chine.

Le généreux chrétien n'en partit pas moins et mit tout son dévouement au service des missionnaires de Chine.

Au retour de cette campagne, Alexis Clerc, un des lieutenants du *Cassini*, quittait la marine et entrait dans la Compagnie de Jésus. Cet événement jeta le trouble dans l'esprit du capitaine de Plas, qui était profondément attaché à ce brillant officier. Il exprimait sa tristesse en son *Journal privé* :

« Je trouve Clerc plus heureux que moi. Je suis tenté de refuser la tâche qui m'est imposée, mais non!

qu'il n'en soit pas ainsi : je vous le demande en grâce, ô mon Dieu! »

Ces paroles indiquent les tendances de son âme. Lui aussi eût voulu servir Dieu dans la vie religieuse, mais il ne s'y sentait pas appelé, et, comme le lui écrivait, du noviciat, Alexis Clerc :

« Après la profession religieuse, il n'y a certainement rien de plus beau ni de plus noble que la profession de marin. Je dirai même que pour certains, c'est une carrière qui mène vite et loin dans l'avancement spirituel. »

Attaché à son noble métier, de Plas avait, en effet, pour but de travailler également à sa perfection :

« Je voudrais, écrit-il, prouver au monde qu'on peut, en vivant chrétiennement, remplir ses devoirs d'état et de société. Il faut que par ma douceur, ma charité, ma fidélité à remplir tous mes devoirs, je me rende digne du nom de chrétien. »

Sainte ambition, bien digne de ce noble esprit. C'est pour y parvenir que nous le voyons prendre la résolution suivante :

« Ce matin, durant ma méditation, il m'est venu à la pensée de régler tous les soirs mes comptes avec Dieu, en me disposant à la mort. Ce sera le moyen de ne pas me complaire en des rêves ambitieux et de me tenir prêt à plier ma tente au premier ordre. »

Ces rêves ambitieux, il faut l'avouer, n'étaient que le désir bien naturel de se dévouer pour la patrie, aux postes les plus périlleux.

Au retour de Chine, en effet, de Plas avait renouvelé au ministère ses offres de service pour la mer Baltique ou la mer Noire, mais tous ces postes les plus difficiles étaient occupés. Une autre occasion favorable se présentait : la guerre venait d'être déclarée à la Russie et le vaillant marin eût voulu partir comme volontaire; mais il reconnut qu'il cherchait plutôt sa propre gloire que la volonté de Dieu, et voici quelle fut sa résolution :

« Je dois être prêt à toute mission comme aussi à n'en avoir aucune. Si l'on me demande ce que je désire, je réponds : le poste le plus périlleux où il ne faut que du courage. Si l'on ne veut pas de moi pour la guerre, mais pour la Chine, me voilà prêt à partir de bon cœur. »

Il partit, en réalité, aussitôt pour une longue campagne de quatre ans dans l'Extrême-Orient, comme capitaine de frégate, sous les ordres de l'amiral X*** qui devint pour lui une occasion continuelle d'exercer sa vertu par des manières brusques et bizarres, tendant à anéantir l'autorité du commandant de Plas. La conduite de ce dernier fut toujours conforme à l'obéissance et à la discipline, elle fut constamment celle du chrétien et du marin.

Revenu de Chine, le capitaine de Plas sentait le besoin d'une retraite spirituelle. Il la fit à la maison de la rue des Postes, près de son ami Alexis Clerc. A dater de ce moment, le fervent chrétien comprit plus que jamais que la dévotion envers Dieu ne va pas sans la piété envers sa sainte Mère, et il se décide à porter la médaille miraculeuse, à réciter chaque jour le chapelet et l'office de l'Immaculée-Conception. Cependant sa dévotion à la Sainte Vierge reposa longtemps sur la raison plutôt que sur l'attrait, ce qui le rendait parfois inquiet, car il eût voulu éprouver pour la Mère du Sauveur, avec un amour d'estime, cet amour de sentiment qu'il ressentait si profondément à la seule pensée de sa mère de la terre.

Bien qu'il s'en souciât peu, les honneurs, néanmoins le vinrent trouver, et, en 1858, pendant le séjour de l'Empereur à Brest, de Plas appris sa nomination au grade de capitaine de vaisseau :

« Dieu, disait-il à cette occasion, sait que je ne sers point pour conquérir les honneurs et les grades ; il est bon qu'on le sache au ministère et parmi mes camarades. Tant pis pour ceux qui appellent cela de la duperie et de la niaiserie. Je les plains plutôt qu'ils ne peuvent me plaindre ! »

Les honneurs, loin de faire son bonheur, semblaient le dégoûter de la vie du monde, et, à l'occasion de l'ordination de prêtrise de son ami Alexis Clerc :

« Voilà, disait-il, un homme qui s'est courageusement mis à la suite du Sauveur, et qui a certainement choisi la meilleure part. Pourquoi ne l'ai-je pas imité ? N'ai-je point été retenu par la sotte pensée d'être un homme bon à quelque chose dans la marine ? Mais, maintenant, qui m'arrête ? Le défaut d'une vocation assez sûre.... Puisse le bon Dieu m'éclairer et me montrer la voie à suivre !... »

On sent ici que la vie religieuse exerce sur l'officier de marine un attrait singulier. Aussi le voit-on s'en préoccuper et consulter des hommes éclairés et des directeurs de conscience. Mais de ces conseils il résulte, dit-il, « que je dois rester dans la marine, jusqu'à ce que Dieu me fasse connaître clairement qu'il me veut ailleurs. »

De Plas, continuant à servir son pays, fut encore appelé à de hautes fonctions, spécialement à celles de capitaine de pavillon de l'amiral Bouët-Willaumez, et au commandant du cuirassé *le Solférino*, où il eut pour lieutenants des officiers qui portaient des noms illustres déjà ou qui les ont illustrés depuis cette époque, les amiraux Duberquois, Grivel, de Marquessac, Courbet. Ces vaillants officiers étaient, en même temps, des hommes d'une haute valeur morale, et plusieurs de fervents chrétiens.

De Plas, sur *le Solférino*, dut accompagner Napoléon III dans sa visite sur la côte d'Afrique, et en cette circonstance, le savant capitaine de vaisseau reçut, pour la précision des ordres et la rapidité de l'exécution, les félicitations de l'amiral et de l'empereur dans un dîner officiel où il fut invité. Avec de telles notes, jointes aux notes de service conçues dans les meilleurs termes, l'avancement au grade de contre-amiral n'était l'affaire que de deux ou trois ans, et cependant à la proposition d'un grade semblable, l'humble capitaine répondait à l'amiral de Gueydon qu'il ne pouvait accepter la continuation de son commandement, et il écrivait dans son *Journal privé* :

« Je dois repousser toute pensée d'avancement. Si le

bon Dieu avait voulu faire de moi un contre-amiral, il aurait arrangé différemment les choses.... C'est en vain qu'on voudrait me stimuler à obtenir le grade de contre-amiral, je ne me reconnais pas les qualités nécessaires pour cette haute position. Pas d'illusions! il faut savoir m'appliquer ce qu'un amiral disait d'un capitaine de frégate proposé pour l'avancement : Il a son bâton de maréchal. Donc ne vouloir, ne désirer que ma place et rien de plus. »

Ce n'était pas les sentiments d'un ambitieux.

A une proposition d'occuper le poste de gouverneur de la Nouvelle-Calédonie, il répondit :

« Je n'ai décidément pas envie d'aller à la Nouvelle-Calédonie. Si l'on me disait : vous avez à choisir entre le séjour à la Trappe et le gouvernement de cette colonie, l'une et l'autre décision sont agréables à Dieu; il me semble que je préférerais la Trappe. »

En 1866, de Plas quittait le commandement du *Solférino*. M. Mathieu, lieutenant de vaisseau qui avait servi sous ses ordres, rend ainsi hommage au mérite et aux vertus de son ancien chef :

« Quant à moi, après avoir quitté *la Normandie*, je ne le trouvai exigeant que pour lui-même. Officier de valeur et marin expérimenté, il ne laissait pas ses épaules faiblir sous le poids du commandement. La seule responsabilité qu'il semblait redouter était celle de l'exemple à donner à ses subordonnés. Ainsi, quand il faisait dans l'intérieur du bâtiment « ces rondes de nuit, » que le règlement laisse à l'appréciation du commandement, et qui nous gênaient tous un peu, il se préoccupait plus des outrages à la loi divine que des infractions à la discipline. Se considérant comme un père de famille, il en acceptait toutes les charges, et il avait le souci des âmes.... Sa générosité, malgré le voile dont il s'ingéniait à la couvrir, était bien connue. Plusieurs veuves de marins, qui avaient servi près de lui, recevaient sa chrétienne assistance, et il donnait à leurs enfants le moyen de se créer une position honorable. Que de misères il a soulagées qui n'ont été révélées que par des circonstances fortuites. Mais que d'actes de charité, en plus grand nombre, ont été recueillis seulement par les anges et inscrits par eux au livre de l'éternelle vie ! »

De Plas fut alors nommé major de la flotte à Rochefort, où il reprit la vie de piété, de zèle et de charité qu'il menait à terre autrefois et dont le séjour à bord avait entravé l'exercice. Personne, plus que le major, ne savait fouler aux pieds le respect humain. Il allait à l'église, à l'hôpital, à la prison, aux processions, à la visite des pauvres en uniforme d'officier supérieur, non par goût, mais par calcul :

« Si, disait-il, j'en juge par le plaisir que j'éprouve à voir des militaires ou des marins en prière, je crois que les fidèles aiment l'uniforme. Je ne veux pas avoir le regret, à l'heure de la retraite, de n'avoir pas employé mon uniforme, quand je le pouvais, à donner le bon exemple. Et puis, tout ce que nous avons ne doit-il pas servir à la plus grande gloire de Dieu? Il est juste que je lui fasse hommage de mes cinq galons. »

A mesure que sa carrière militaire s'avançait et qu'il en voyait de plus près le terme, le commandant de Plas demandait de connaître la volonté de Dieu, car il ne pensait pas devoir demeurer dans le monde, se sentant intérieurement appelé à une vie plus parfaite. Dans ce but, il alla faire une retraite chez les Pères Jésuites et, au sortir de cette solitude, son parti était pris : il quittait le monde et entrait chez les Jésuites. Le Père Clerc était pour beaucoup dans le choix de cette congrégation, ainsi que la haine insensée que les impies portent à ces religieux :

— Pour que les impies, disait de Plas, les aient en telle horreur, il faut qu'ils soient excellents.

Le 2 avril, le commandant alors major de la flotte à Rochefort, demandait à cesser son service et à faire valoir ses droits à la retraite. Vu son âge avancé, une dispense pour entrer en religion était nécessaire : elle fut envoyée par la cour de Rome.

Puisque cet homme nous est apparu si vaillant marin et si fier chrétien, nous ne pouvons douter qu'il ne devînt un admirable religieux. Un homme d'une telle expérience et d'un si excellent jugement ne pouvait exécuter à la légère un pareil projet. Aussi bien ne nous arrêtons-nous point sur cette seconde partie de sa carrière. Après avoir montré la puissance de la vérité religieuse sur cet esprit d'élite, notre tâche est accomplie. Quelques lignes résument le reste d'une vie si bien remplie.

Après avoir reçu des Pères Jésuites l'accueil le plus

fraternel, de Plas sut répondre à leur affection comme à l'accomplissement de la Règle de saint Ignace, et comme s'il s'était montré le marin le plus discipliné, il fut le plus régulier des novices à Angers. De là, on l'envoya à Rome; il y fut attaché à la maison des Jésuites de Saint-Eusèbe. Le nouveau religieux semble avoir résumé ses dispositions et ses occupations dans cette page :

« Je suis entré dans la Compagnie de Jésus pour y opérer mon salut et avec le désir d'y vivre en parfait religieux. J'y ai apporté une sorte de faim d'obéissance et un véritable amour de la règle; mais la nature a encore beaucoup d'action sur moi. Si je suis prêt à accepter pour l'amour de Dieu, les situations les plus difficiles et les plus pénibles, je ne puis pas dire que je les souhaite.... Je verrais avec peine plus de luxe et de confortable qu'il n'y en a dans la Compagnie, mais je n'ose pas dire que j'ambitionne la pauvreté; j'espère seulement savoir la supporter quand le jour des épreuves sera venu.... Je compte sur la prière et les bons exemples pour parvenir d'abord à l'indifférence à l'égard des créatures.... Depuis longtemps je fais peu de cas des honneurs du monde, et, dans le désir que j'ai eu souvent d'être approuvé, c'était plus en vue de l'*homme religieux* que de ma personnalité. Ainsi j'aurais éprouvé du plaisir à entendre les impies ou les indifférents dire, par exemple :

« Le commandant va à la messe chaque jour, mais ça ne l'empêche pas d'aller à bord des bâtiments qui lui sont confiés au moment où il est le moins attendu; il est affable, il ne manque pas de fermeté à l'occasion. Sa religion ne lui a ôté aucune des qualités qui conviennent à sa profession. »

En 1870-71, le Père de Plas revenait en France, à Paris, où il était mis à la tête de l'ambulance de Vaugirard. Il s'y fit remarquer par son activité, mais aussi par son humilité, sa charité, son esprit de zèle et toutes les vertus d'un bon religieux. Son cœur était vraiment un cœur d'apôtre, comme il avait été celui du marin accompli, et sa parole chaleureuse opérait des prodiges :

« La parole si simple et si convaincue du serviteur de Dieu, dit un témoin de ses prédications, nous allait jusqu'au fond de l'âme, et jamais nous ne sortions de ses sermons sans nous sentir un plus vif désir de servir Dieu et de le remercier de ses dons. »

Enfin, plein de mérites et de vertus, après avoir passé près de vingt années dans la vie religieuse, le vénéré P. de Plas, âgé bientôt de quatre-vingts ans, termina sa carrière terrestre le 19 avril 1888.

Résumons en quelques lignes, avec le P. Mercier, auteur de sa biographie complète, la vie de cet homme excellent et si distingué :

« François de Plas, enfant, jeune homme, officier de marine, prêtre, a toujours été par-dessus tout et en toutes choses l'*homme du devoir*. Même avant d'être transfiguré par la grâce, il connaissait déjà tout le prix du renoncement et n'aspirait jamais à rien de bas. L'esprit de famille soutenu par le sentiment chrétien, fut le mobile de ses premières années : *Noblesse oblige !*

» Comme officier de marine, il eut sans doute ses moments de faiblesse et d'égarement ; mais toujours il se fit estimer de ses chefs, parce que, mieux que personne, il se soumit à la discipline.

» Commandant à bord des vaisseaux, ou dans les arsenaux, on le vit sans cesse préoccupé, pour les hommes placés sous son autorité, du respect de la loi morale, en même temps que de la discipline militaire et du bien-être matériel. »

« J'ai servi pendant un an sous ses ordres, comme commandant en second du *Solférino*, a dit M. le vice-amiral Krantz, alors ministre de la marine. Le souvenir des relations agréables, je dirai même affectueuses, que j'ai eues avec lui est toujours présent à mon esprit. Le commandant de Plas s'était d'ailleurs acquis dans la marine, le respect et l'estime de tous par l'élévation de son caractère, ses qualités de chef intègre et bienveillant, le sentiment profond du devoir, enfin par la sincérité de ses convictions religieuses. »

Avec de telles aspirations vers le vrai, le beau, le bien, et cachant sous une froideur apparente des trésors de tendresse, comment n'aurait-il pas été le plus charitable des hommes. Comment cette charité n'aurait-elle pas élevé son âme jusqu'à Dieu, source de tout amour ?

Autant il se montrait désireux et fier d'honorer la

religion, autant il était humble et modeste pour ce qui ne touchait que sa personne. Servir son pays et l'Église, et passer inconnu en faisant le bien, tel fut l'idéal qu'il essaya de réaliser; mais plus il y parvint de son vivant, plus s'imposait après sa mort l'obligation d'évoquer un si glorieux souvenir.

Quels que soient les sentiments du lecteur, il doit avouer que c'est une belle et généreuse carrière qu'a parcourue le brave commandant de Plas.

PRITZBUER (de)

VICE-AMIRAL, PRÉFET MARITIME.

(1824 — 1889)

« On n'est pas dans les hautes positions pour se reposer et bien vivre. »
(Amiral DE PRITZBUER.)

La vie du marin qui comprend son devoir est une vie de dévouement portée souvent jusqu'à l'héroïsme; « le marin sacrifie même son existence à Dieu et à sa patrie », ajoutait l'amiral de Pritzbuer, et nul n'a mis en pratique d'une manière plus parfaite ces principes si élevés.

D'origine allemande (1), le jeune *Pritzbuer* conçut de bonne heure pour la France un ardent amour, et désirant lui consacrer sa vie, il obtenait, à l'âge de seize ans son admission à l'École navale qui ne reçoit que des élèves français.

(1) Né le 7 septembre 1824 à Schwérin, (Mecklembourg.)

C'était alors un jeune homme de taille élevée, à la figure expressive, au regard plein de feu, au front rayonnant d'intelligence. Il était le premier de la promotion, déjà bachelier ès lettres et parlait plusieurs langues vivantes, ce qui lui devait être d'une grande utilité dans la carrière maritime.

« A ces marques de supériorité, a dit le vice-amiral Aube, son condisciple d'alors, il s'imposait à nous. Il était, il méritait d'être notre chef officiel. Sans abdiquer ce rang, il devint bientôt le guide affectueux et aimé de tous, l'ami de ceux, qui l'approchant de plus près, subissaient déja le rayonnement de sa précoce intelligence, de sa bonté unie à l'énergie, d'un caractère dès ce moment, virilement trempé. »

A dix-huit ans, de Pritzbuer était aspirant, et, en cette qualité recevait le baptême du feu au bombardement de Tanger, sous le commandement du prince de Joinville. Enseigne de vaisseau en 1845, lieutenant en 1853, il se distingua dans l'expédition de Crimée, où l'armée franco-anglaise vint assiéger Sébastopol, tandis que les deux flottes bloquaient par mer cette place forte.

Le jeune officier était à peine promu capitaine de frégate, qu'il fut appelé à commander un des navires qui prirent part à l'expédition du Mexique : c'était une belle campagne pour son début dans le commandement. La guerre de 1870-71 le trouva capitaine de vaisseau. Mais la douleur de combattre contre ses compatriotes et peut-être contre sa famille (1) lui fut

(1) L'un de ses frères était colonel dans la gendarmerie prussienne.

épargnée : il eut ordre d'aller croiser, sur le cuirassé l'*Alma*, dans l'Extrême-Orient, où pendant plusieurs mois, sur les côtes du Japon, il tint bloqués deux navires de guerre allemands, *Hertha* et *la Médusa*.

Peu après son retour, de Pritzbuer était nommé gouverneur de la Nouvelle-Calédonie. Dans ce poste difficile, il put déployer toutes les qualités d'administrateur qui le distinguait : cette habileté dans la conduite des hommes et des affaires, cette inflexibilité unie à la douceur dans l'accomplissement du devoir.

« Chez lui, disait sur sa tombe un ancien ministre, le général Ferron, les qualités d'administrateur s'ajoutaient à celle de l'homme de guerre. J'ai eu l'honneur de servir à la marine, dans cette même colonie de la Nouvelle-Calédonie gouvernée par lui, et j'ai connu toutes les difficultés de ces missions lointaines; j'ai connu aussi le mérite des vaillants marins qui, comme l'amiral Pritzbuer, l'amiral Courbet, ont mis leur ambition à les bien remplir. »

Nommé contre-amiral, de Pritzbuer, après avoir commandé la station maritime du Levant, était élevé au grade de vice-amiral, puis préfet maritime de Rochefort, où il est mort, et où il a laissé d'excellents souvenirs. Nous en avons pour preuve ces paroles de l'amiral Juin :

« La marine a perdu en lui un officier général qui lui faisait le plus grand honneur, le port de Rochefort un préfet qui lui était certainement très dévoué, et beaucoup d'entre nous un excellent ami.

» Esprit droit, caractère ferme, faisant passer le devoir avant tout, de Pritzbuer possédait toutes les qualités du commandement. Ses chefs de service avaient en lui la plus grande confiance et pour lui la plus haute estime. Les nombreuses couronnes qui ornent ses funérailles disent aussi l'affection de ses subordonnés.

» Jamais homme ne porta le sentiment de l'honneur à un si haut point. Sa nature essentiellement sympathique lui gagnait vite ceux qui l'approchaient. C'était enfin un homme de bien dans l'acception la plus complète du mot; il ouvrait largement sa main pour soulager autour de lui la misère des humbles. »

Homme de bien, l'éminent amiral le fut assurément, mais ce qui le rendit homme de bien et ce qui vaut mieux, c'est qu'il fut surtout un vrai chrétien, un catholique pratiquant. Né dans le protestantisme, de Pritzbuer y vécut une partie de sa jeunesse, mais à peine eut-il compris qu'il se trouvait dans l'erreur que son esprit et son cœur si droits aspirèrent à s'en dégager.

« Dès que l'amiral eut connu cette sagesse qui vient d'en haut, a dit Mgr Ardin, cette sagesse qui descend du Père des lumières et fait marcher les hommes dans les sentiers de la vérité, son cœur s'épanouit et se dilata. Il avait cherché avec ardeur le trésor qui élève les âmes, dit le sage, et leur donne la gloire, lorsqu'elles l'ont trouvé. Touché de ses immortels attraits, il s'éleva jusqu'aux premiers honneurs en restant aussi modeste que grand. L'amour de la France grandit chaque jour dans son cœur, et depuis ce temps jamais il ne faillit à son devoir de marin pas plus qu'il ne faillit à son

Vice-Amiral de PRITZBUER

devoir de chrétien. Dans l'exercice de chacun de ses grades, l'amiral a fait preuve d'une sagesse consommée. La foi était la règle de ses actions aussi bien à son bord qu'au foyer domestique (1). Toujours franc dans ses discours, toujours grave dans ses décisions, toujours éloigné des mesures extrêmes, il n'écoutait que le témoignage de sa conscience. Bien souvent, il fut aux prises avec la mort, mais on le voyait sans peur et sans défaillance, il sortait du danger plus fort et plus résigné à la volonté divine. Si quelqu'un lui disait de ménager ses forces, il répondait comme nous l'avons entendu :

» — On n'est point dans les hautes positions pour se reposer et bien vivre, le marin sacrifie même son existence à Dieu et à sa patrie.

» Cette carrière, en effet, est toute pleine d'abnégation et de sacrifice; elle est pleine de périls, et l'on y affronte cent fois la mort pour l'honneur du drapeau national et le salut de son pays. A peine entrait-il en convalescence à la suite de longues maladies qu'on voyait revivre son ardent désir de reprendre ses fonctions, au risque de retomber dans les mêmes souffrances.

» Ame vaillante et pieuse de notre amiral, laissez-nous déposer au pied de ces autels le témoignage de votre foi si ardente ! »

Les dernières pensées de l'amiral furent, en effet, la

(1) C'est à ce point de vue qu'il jugeait nos gouvernants dans les actes qui touchaient aux intérêts de la religion, et il y a environ dix ans, pendant une saison d'eaux à Capvern où nous eûmes l'honneur de le connaître, nous l'entendîmes porter un jugement très sévère sur ceux qui déjà menaient la France à l'athéisme. (A. Baraud.)

manifestation de cette foi du chrétien. En voyant disparaître une vie que le Ciel avait manifestement protégée ; sur le point de quitter son épouse et des fils profondément aimés (1), il bénit la mort et n'aspire plus qu'aux biens éternels. Le prêtre trouve en lui ce qu'il attendait, un chrétien préparé à tout. Le Saint-Viatique et l'Extrême-Onction le font tressaillir de joie en lui faisant entrevoir la récompense de ses longs travaux. Les prières que l'on récite autour de lui réveillent sa foi, et il compte avec une ferme et légitime confiance sur la grâce de Dieu.

Des officiers supérieurs de la marine, bien placés pour apprécier le beau caractère de Pritzbuer, ont redit à sa louange sur sa tombe les paroles qui suivent :

« Pendant cinquante ans, a dit le contre-amiral Guérin-Duvivier, l'amiral de Pritzbuer n'a cessé de mettre au service de la patrie un dévouement sans bornes et une haute intelligence qui l'ont rendu remarquable parmi les plus distingués, dans un métier où le dévouement et l'intelligence sont la règle.

» D'autres l'ont suivi dans ses navigations lointaines, dans ses campagnes de guerre, dont le nombre égale celui des expéditions entreprises pour la France sur toutes les mers du globe pendant le demi-siècle qui vient de s'écouler, je ne les rappellerai pas ici, l'histoire maritime les a enregistrées, et dans toutes le nom de l'amiral brille au premier rang. Malgré les

(1) MM. Léopold et Adrien de Pritzbuer.

cruelles souffrances qui ont assombri la fin de sa vie, il est mort sur la brèche, remplissant son devoir jusqu'aux derniers jours, nous, laissant à nous qui nous nous efforcerons de le suivre, le plus bel exemple d'abnégation chrétienne et de dévouement à la France dont il porta si haut le drapeau. »

« Pauvre ami, ajoutait l'amiral Juin, je ne puis oublier qu'ensemble nous avons débuté dans la vie maritime, qu'à bord du vaisseau-école j'ai été ton ancien, ton premier guide, ton moniteur, ton ami! Je ne puis oublier que partout où nos carrières se sont mêlées, dans nos rencontres aux divers points du globe, faisant les mêmes campagnes, toujours nous nous sommes retrouvés camarades aussi unis, aussi dévoués qu'au premier jour!

» Avec quelle sérénité il a supporté les cruelles et longues péripéties de la maladie qui devait le conduire au tombeau; quelle résistance opposée à la douleur, quelle force de volonté!

» Ne l'a-t-on pas vu, il y a une dizaine de jours revêtir la grande tenue, vouloir remettre à M. le directeur Duplouy la croix de commandeur de la Légion d'honneur, et, malgré sa grande faiblesse, accomplir gracieusement ce devoir. Le mardi suivant il présidait encore le Conseil d'administration, étonnant les chefs de service par la netteté de son jugement. Oui, jusqu'à la dernière heure, il a voulu, il a su être le préfet maritime, et c'est seulement quand la plume s'échappa de ses doigts défaillants qu'il abandonna la direction de sa préfecture.

» O pauvre ami, tu fus vaillant entre tous, tu servis noblement et avec éclat ton pays d'adoption, tu fus un vrai français, un véritable chrétien, un patriote accompli. »

Voilà, certes, une vie bien remplie, une vie consacrée tout entière au devoir et au sacrifice de soi-même. Il a donc bien mérité de la France ce vaillant marin, et bien que les événements, qui seuls permettent aux hommes de donner leur mesure, n'aient pas permis à l'amiral de Pritzbuer de conquérir cette célébrité devant laquelle s'inclinent les foules, son nom moins connu que d'autres restera, principalement pour ceux qui l'ont vu à l'œuvre, le modèle achevé du marin pratiquant chrétiennement son devoir jusqu'au sacrifice.

Les discours prononcés à ses funérailles ont rappelé ce que fut le chrétien, le chef, l'ami, le marin et l'administrateur. Ceux qui n'ont fait que l'approcher sans entretenir avec lui de rapports officiels ou intimes garderont cependant le souvenir d'un charme tout à fait particulier qui s'exhalait de sa personne et que tous les discours sont impuissants à dépeindre.

Un dernier trait de son caractère :

« Finement et gaiement caustique, sans blesser jamais, aimant le trait et le trouvant; avec cela, la physionomie généralement froide et parfois rêveuse, c'était un Gaulois greffé sur un Germain. (1). »

(1) *Tablettes des Deux-Charentes,* où nous avons puisé, grâce à son obligeant rédactenr en chef, M. G. Gourdon.

RIVIÈRE (de la)

OFFICIER DE CAVALERIE.

(1787 — 1837)

« *Spiritu magno vidit ultima* : il vit d'un œil calme tomber les derniers liens qui le retenaient ici-bas. »

(DE GRANDMAISON.)

Une des figures les plus attachantes parmi les hommes courageux, qui, depuis le commencement de ce siècle, n'ont cessé, en dépit des attaques et des calomnies, de se montrer pleins de foi et de dévouement chrétien pour être les pionniers de la renaissance religieuse, est bien assurément celle du comte *Henri de la Rivière*.

Il est de ceux qu'il faut montrer à la génération future, comme le sujet principal de ses espérances, et de sa confiance dans l'avenir, bien que son existence ait été courte et qu'il ait vécu à l'aurore du XIXe siècle.

Héritier d'une antique et noble famille normande, dont le nom s'est illustré dès longtemps dans l'Église, la magistrature et les armes, Henri de la Rivière reçut, dès le berceau, les plus dures leçons de l'adversité. Sa mère, de bonne heure, laissait au cœur de son fils cette mélancolie que rien n'efface chez ceux qui ont compris la grandeur de cette perte et dont l'enfance est privée de ses nécessaires tendresses.

En dépit des vents révolutionnaires qui grondaient toujours, Henri dont le nom était suspecté et la condition sociale proscrite, estima que son service dans l'armée lui ferait pardonner son origine, et voulut puiser dans une école militaire les premiers éléments de ce métier de la guerre, qu'avaient suivi glorieusement ses ancêtres. Quand il en fut sorti, voulant enrichir son esprit de la connaissance du droit, il se rendit dans ce but à Paris, avec d'autant plus de liberté que la mort de son père, le marquis de la Rivière, le mettait à la tête d'une opulente fortune. La sûreté de ses principes, la régularité de sa conduite bien faite pour étonner à son âge et dans un tel milieu, furent les premières défenses qu'il sut opposer au tourbillon du monde des plaisirs.

Une rencontre fortuite et providentielle, qu'il avait faite, un soir d'hiver à la sortie du cours de droit, le mit en relation avec le célèbre professeur François Régnier, dont le talent avait déjà un réel éclat, surtout parmi la jeunesse; bientôt après il était présenté par lui au P. Delpuis, directeur de la Congrégation qui l'en reçut membre.

A dater de ce moment, les traits de zèle chrétien, de sens catholique, abondent chez ce jeune homme dévoré, on peut le dire, du désir de bien faire; car sa nature ardente et généreuse allait facilement jusqu'à l'extrême, sans exclure la vertu, quoiqu'en disent les « sages. »

Comme il avait su dompter son caractère impétueux et en diriger le courant vers la vertu, il sut mettre au service de la vérité cette impétuosité même, se dépensant tout entier dans une activité incessante pour le bien.

Bienfaisant, il le fut dans une large mesure. Comprenant que la richesse crée des obligations, et que plus on est élevé, plus on doit bien faire, pareil aux astres du ciel qui étendent au loin leur bienfaisante influence, il sentait la nécessité de dépenser une partie de sa fortune et de se dépenser lui-même pour remplir ce qu'il estimait, avec raison, un *devoir social*. C'est ainsi qu'il savait être une véritable providence pour les petits, les ouvriers et les pauvres du pays. Dans ses terres, Henri de la Rivière ne voulait se souvenir des anciens privilèges que lui avaient valu les longs services de ses ancêtres que pour donner le bon exemple. Par cette libéralité, le jeune comte avait aussi pour but de détacher son cœur de la fortune, puisque la possession des richesses a des filets invisibles où l'âme se prend insensiblement.

La discrétion qu'il mettait à la distribution de ses aumônes ne permit d'en connaître le chiffre qu'après sa mort. Il ne s'arrêtait que devant le vide de sa bourse; son notaire avait dû ouvrir, dans les comptes qui le concernaient, une rubrique spéciale pour les sommes qu'il le chargait de remettre à ceux qui se trouvaient dans le besoin. Toutefois ce prodigue de son bien ne le fut point sans discernement et de manière à favoriser la paresse. C'est ainsi qu'il payait la pension d'un élève de l'École polytechnique dont les ressources personnelles n'étaient pas en rapport avec sa valeur intellectuelle. De même, il subvenait aux besoins de jeunes séminaristes, avec un élan d'autant plus empressé, que, peu à peu, son attrait pour le service de Dieu le portait davantage vers l'état ecclésiastique, le seul que son désir de mortification et sa passion du renoncement et du dévouement lui fissent considérer comme enviable :

— Je ne veux pas me marier, disait-il au docteur Pignier. Si j'étais prêtre, ma famille serait encore assez nombreuse ; n'aurais-je pas tous les pauvres pour enfants ?

Les petits enfants de la première communion attiraient spécialement son cœur ; il voulait affermir chez eux la grâce reçue et assurer leurs pas dans la vie. Il reprenait aussi, et presque seul, l'Œuvre des petits Savoyards.

Quelle belle et sainte occupation pour un jeune homme comblé de tous les avantages temporels et qui pouvait faire grande figure dans le monde !

Modeste pour lui-même, Henri de la Rivière ne repoussait pas l'ascendant moral qui s'attache à un vieux nom, noblement porté, et il savait en user prudemment lorsque s'offraient les circonstances favorables. Ses câlines instances, sa générosité adroite, ses pressantes leçons avaient remis en honneur les cérémonies religieuses, trop modestes vraiment dans les églises de sa contrée, conséquence du schisme constitutionnel et de la Révolution du siècle dernier. Il aurait voulu également faire participer son pays natal aux bienfaits des Congrégations d'hommes, mais son zèle personnel, tout en groupant quelques jeunes gens de la ville de Caen ne put surmonter l'apathie et l'indifférence qui entravaient ses projets.

La bonté, l'affection était le signe distinctif de ce beau caractère. Combien de fois il sut employer ces dons de son âme à faire aimer Dieu et le prochain, à réconcilier des ennemis. Une fois, ayant réussi à obtenir de son grand-père mourant le pardon pour son oncle, éloigné depuis longtemps de la maison paternelle, il courut en chaise de poste ramener auprès du vieillard, pour recevoir sa bénédiction, ce fils que celui-ci ne voyait plus.

Dans une succession importante provenant d'un parent, de la Rivière eut la générosité d'abandonner à ses cohéritiers sa part personnelle, à la condition de garder pour lui la partie de la bibliothèque toute garnie des œuvres des écrivains impies et immoraux du XVIIIe siècle. Plusieurs de ces livres furent placés en mains sûres, les autres livrés aux flammes.

« Atteint par une maladie, dit M. de Grandmaison, à laquelle n'étaient certainement pas étrangères les fatigues que lui imposaient les longues courses auprès des malades et des pauvres, il dut, sur l'ordre des médecins, partir dans ses terres aux environs de Bayeux. Ce mal empira vite, ses forces diminuèrent graduellement ; mais, toujours uni par la pensée à l'un de ses amis, il écrivait à l'un d'eux :

« Je vous prie de faire part de ma lettre à M. Delpuits. Toute ma peine est de ne pouvoir tracer quelques mots ; je le prie d'être persuadé que la maladie, qui influe beaucoup sur l'esprit, peut lui ôter l'expression de la reconnaissance, mais qu'elle ne peut rien sur le cœur dans lequel elle est profondément gravée. »

Ayant toujours mis son espoir en Dieu et fort au-dessus des joies de ce monde, il vit d'un œil calme tomber les derniers liens qui le retenaient ici-bas : *Spiritu magno vidit ultima.* Dégagé de toute attache aux richesses, comme il en avait donné mille preuves, il quitta sans regrets cette terre. Sa mort fut un suprême exemple, et après avoir essayé de bien vivre, il montra comment un chrétien doit mourir. Ce fut à Caen que l'excellent gentilhomme rendit le dernier soupir, au mois de janvier 1837.

Les congréganistes lui rendirent les honneurs que méritaient ses vertus et que son cœur eût ambitionnés, en s'efforçant de reproduire les qualités dont il avait été le noble et charmant exemplaire.

SONIS (de)

GÉNÉRAL, DÉPUTÉ.

(1825 — 1887)

« J'appartiens au parti qui, en France, s'appelle le parti de l'honneur. »
(DE SONIS.)

Le général de Sonis a été, dans la seconde partie de ce siècle, le type achevé du héros chrétien.

A une époque où l'impiété fait tant d'efforts pour séparer l'idée militaire de l'idée religieuse, ce brave guerrier a eu le mérite de les associer dans un admirable mélange de foi et de patriotisme.

« En lui, disait l'éloquent évêque d'Angers, nous avons vu revivre, sous les yeux d'une génération trop souvent incrédule ou sceptique, les Bayard, les Catinat, les Drouot, toute cette lignée de grands capitaines, pour lesquels la croix et l'épée étaient le double symbole d'un même sacrifice. » Parlant du marquis de Fénelon tombé sous les murs de Liège, Voltaire avouait que « son extrême dévotion augmentait encore son intrépidité, » et il ajoutait, vaincu par l'évidence, « il faut avouer qu'une armée composée d'hommes qui penseraient ainsi serait invincible. »

Le général de Sonis eut pour mission de rappeler cette vérité à son siècle, avec tout l'éclat d'un grand exemple et toute l'autorité d'une haute leçon.

De Sonis naquit à la Martinique, le 25 août 1825. Sa famille, aussi distinguée par la noblesse que par l'esprit de foi, lui inculqua, dès l'âge le plus tendre, les sentiments de piété, d'honneur chevaleresque, et surtout la passion du devoir qui caractérisent sa vie entière. Parmi ses ancêtres, il compte plusieurs gouverneurs de la Martinique. Cette île, depuis longtemps pacifiée par nos armes, n'offrait pas au jeune homme un champ de nature à lui permettre d'exercer son ardeur guerrière : il fallait à ses pas agiles le sol plus vaste de la mère-patrie; et quand, dans les veillées tranquilles de la colonie, on lui narrait l'histoire glorieuse du pays de France, sa main frémissait du désir de serrer et de porter haut et ferme le glorieux drapeau de notre commune patrie.

Il quitte la Martinique, vient s'instruire d'abord au

collège Stanislas, où il fit de brillantes études, puis au célèbre collège de Juilly, dirigé par les Pères de l'Oratoire.

Alors il était maigre de corps; quoique bien proportionné, c'était un jeune homme *gringalet;* aussi l'appelait-on, à Juilly, *Mademoiselle de Sonis.* Mais cette demoiselle de Sonis se montrait déjà homme de cœur, homme de foi, et ne présentait nullement l'affligeant aspect de ces jeunes gens pâles et sans vie que chacun rencontre dans les villes.

Son temps d'études achevé à Juilly, de Sonis endossa l'uniforme des Saint-Cyriens et travailla avec ardeur à l'école, d'où il sortait en octobre 1846. Déjà le sous-lieutenant annonçait le général de 1870. La vivacité de sa foi réfléchie révélait un croyant sincère qui ne broncherait pas plus sous les railleries et les mauvais exemples que son courage sous les balles ennemies.

Cependant, vers cette époque, il eut une faiblesse qu'il se reprocha vivement plus tard et qui prouve son énergie chrétienne. Étant à l'École de Saumur, il s'était imprudemment laissé enrôler dans la franc-maçonnerie, qu'on lui avait représentée comme l'Église d'un christianisme libre, mais non moins élevé, non moins bienfaisant que l'autre. Comme il l'attesta plus tard, les condamnations des Papes contre les sociétés secrètes lui étaient alors inconnues. Jamais, d'ailleurs, il n'avait mis le pied dans une loge, lorsqu'un jour son colonel lui demanda de remplacer, pour un service du soir, tel officier convié à un dîner maçonnique.

— Mais, répond de Sonis, pourquoi ne m'a-t-on pas invité, moi aussi?

— Est-ce que vous seriez maçon?

— Mais oui, mon colonel, et quel mal y a-t-il à cela?

— Allez-y voir! dit le colonel très étonné.

— Eh bien! j'irai et je verrai.

Il y fut, en effet.

La décoration de la salle, la disposition du couvert affectaient des formes mystérieuses ; ce n'était rien encore.

Les discours commencèrent. Il y en eut un premier, un second, puis un troisième; on y parla de la fin du règne des superstitions, de l'avènement de la religion de l'avenir, de l'émancipation des intelligences et des consciences. De Sonis souffrait et attendait. On s'en prit au catholicisme, à ses mystères, à ses prêtres. De Sonis n'y tint plus. Se levant brusquement de table :

— Ah! ça, Messieurs, dit-il, où suis-je donc tombé ici? Mais c'est un piège...; on m'avait dit que la religion serait toujours respectée, et on l'insulte. Vous n'avez pas tenu vos promesses, je suis délié des miennes; vous ne me reverrez plus. Bonsoir!

Et, d'un geste, repoussant vivement sa serviette, il sortit tête haute, en laissant tout ce triste monde stupéfait et irrité.

Vingt ans après, en 1871, la Loge se vantait encore de l'avoir pris, mais hypocritement, dans ce piège, et s'en faisait une arme contre lui aux élections législatives.

Cet événement n'eut d'autre résultat que de porter de Sonis à remplir plus exactement ses devoirs religieux. Sa piété, tout éclairée qu'elle était, eut le don d'attirer de banales plaisanteries autour de sa personne. En France, depuis Voltaire, tout doit être libre, sans doute, excepté l'amour de Dieu. Toutefois, on ne tarda pas à voir que le courage religieux ne nuit en rien au courage militaire.

Lorsque sonnait le signal du combat et que l'on voyait le pieux officier s'élancer en avant sans sourciller, les hommes du régiment comprenaient que la religion est utile au patriotisme. Leurs fades plaisanteries se changeaient en éloges. Électrisés, ils tombaient sur l'ennemi, animés par son exemple.

Au reste, « dans son régiment, écrit M. Victor Canet, ami personnel du général, il n'eut jamais que des amis. Il travaillait avec la calme assiduité du soldat qui a donné sans retour son existence à son pays. Il était fidèle à tous ses devoirs de chrétien avec une simplicité qui pouvait étonner, mais qui commandait le respect. Il avait une grande idée de l'autorité et s'y montra toujours soumis. La vie de garnison lui pesait, parce qu'elle ne lui semblait pas assez utile. Il l'a rendait féconde, néanmoins, par cette obéissance du cœur que le chrétien peut seul comprendre et que seul il sait pratiquer.

» De Sonis a passé de longues années en Afrique, et il sut servir son pays, non seulement par sa bravoure qui ne reculait devant rien, mais par des travaux propres à régulariser et à consolider notre conquête. Il avait appris, dans ce but, la langue arabe, et il en parlait les dialectes avec une merveilleuse facilité. »

La campagne d'Italie, en 1859, lui fit quitter l'ennuyeuse vie de garnison, si froide et si monotone pour un guerrier. Là, comme en Afrique, il électrisait ses soldats par sa bravoure, la sûreté de son coup d'œil et un rare sang-froid au milieu de circonstances périlleuses.

A Solférino, cavalier émérite, il s'élançait sur son cheval, quand l'animal reçoit en plein poitrail une balle ennemie, et, comme pour se venger, se précipite contre un carré autrichien. L'ennemi hésite : cheval et cavalier arrivent à cinquante mètres du front des ennemis. Un feu de salve couche par terre la pauvre bête et démonte son maître qui, tranquillement, s'en retourne rejoindre ses soldats. A son arrivée, on cherche ses blessures sous son uniforme en loques, troué de seize balles : pas une blessure. Le téméraire avait échappé à la mort. Mais il s'y était voué dès le premier jour de la campagne :

« En partant pour l'armée, avait-il écrit, je me condamne à mort. Dieu me fera grâce, s'il le veut, mais je l'aurai tous les jours dans ma poitrine, et vous savez que Dieu ne capitule jamais, jamais ! »

Voilà bien le secret de cette audace, le brave soldat l'a compris : il sera fidèle à la résolution qu'il a prise de recevoir son Dieu chaque jour.

Écoutons le dire à l'un de ses amis :

« Dans nos reconnaissances, en traversant les bourgades ou des villages le matin, tout à coup nous apercevons un clocher : le Maître est là. A terre! Nous descendons de cheval, nous entrons dans l'église et nous prions un prêtre de nous donner la sainte Communion. C'est fait! nous repartons aussitôt, le temps n'est pas à nous. Nous faisons notre action de grâces à cheval et en courant.... »

Se peut-il rencontrer une vie à la fois plus militaire et plus pieuse?

Après la guerre d'Italie, de Sonis retournait en Algérie, où il se signala par le coup d'éclat que nous allons rapporter. On sait qu'il parlait l'arabe avec une extrême facilité et connaissait les habitudes des tribus. Lors de l'expédition de 1866, il fut chargé de frapper un grand coup pour déconcerter les Arabes insoumis. Lieutenant-colonel, il s'avança dans le désert à la tête de deux mille six cents hommes, et son expédition eut un succès complet, grâce à sa connaissance du pays et des mœurs.

L'insurrection ayant pris de nouveau des proportions inquiétantes, un jour il l'écrasa par un acte inouï d'audace. Après avoir appris que plusieurs chefs révoltés avaient groupé, autour de l'étendard du prophète déployé, plusieurs milliers d'indigènes, il monte à cheval, accompagné de deux officiers seulement, laissant son régiment à distance. En trois heures, soixante kilomètres sont franchis par les trois cavaliers qui, n'étant pas attendus, tombent à l'improviste en plein camp adverse. Surpris, les Arabes laissent arriver de Sonis jusqu'au chef de la révolte, qui attendait peu sa visite. Parvenu devant celui-ci, au milieu de dix mille hommes, dix mille fanatiques qui, le lendemain, auraient été des ennemis farouches, de Sonis tire son revolver et brûle la cervelle du chef ennemi. Les rebelles sont terrorisés par cette audace toute française; ils mettent bas les armes, et quand le régiment arrive, tout était dans le calme; les ennemis s'étaient rendus.

Désigné à l'Empereur lors de sa visite en Algérie, de Sonis refusa l'avancement, les honneurs dont on voulait récompenser ses services. Il préférait aux honneurs les postes avancés devant l'ennemi : n'ayant pas franchi jusqu'alors la grille des Tuileries pour la *course aux honneurs*, il ne la franchit pas plus tard.

Le lieutenant-colonel fut non moins intrépide contre un adversaire plus redoutable, qu'il rencontra également en Algérie : le choléra. Le fléau s'était déchaîné avec fureur et rapidité jusque sur la frontière du Maroc, où le courageux guerrier avait été envoyé.

« M. de Sonis, dit Victor Canet, se multiplia, encourageant les uns, relevant les autres, inspirant la confiance par des paroles de foi et provoquant, au milieu de l'admiration émue de ses camarades, des retours à Dieu, qui furent la suprême consolation des mourants et la force de ceux qui leur survivaient. »

Mais une épreuve plus terrible se préparait pour le vaillant soldat, épreuve qui devait abattre la France et la mettre à deux doigts de sa fin : *finis Galliæ*. C'était la guerre de 1870, ce fléau de Dieu, dont de Sonis écrivait :

« Lorsque Dieu se mêle de donner des leçons, il les donne en maître. Rien ne manque à celle que la France reçoit en ce moment. »

Les premiers engagements étaient à peine commencés que le lieutenant-colonel demandait à quitter l'Algérie. Sa demande fut repoussée ; il insista, réitéra plusieurs fois ses instances, sollicitant, à la fin, de servir comme volontaire simplement, puisqu'on ne voulait pas l'admettre avec son grade.

« On céda enfin, dit Victor Canet, et il arriva à Tours, où on lui donna à commander deux régiments dont on lui donna les numéros, sans pouvoir lui indiquer ni l'endroit où ils se trouvaient, ni le nombre d'hommes qui les composaient. Il se mit à l'œuvre avec l'activité qui lui était naturelle et qu'entretenait l'impatience de rencontrer l'ennemi, et en quelques jours, il avait organisé la brigade éparse dont on lui avait confié le commandement. Bientôt, il fut mis à la tête d'une division, et, à la fin de novembre, il commandait le 17e corps d'armée, qui, à peine formé, reçut l'ordre de soutenir dans ses opérations le général Chanzy. »

Arrivé le 2 décembre devant un corps nombreux de Bavarois qui occupaient les hauteurs de Loigny, il n'hésita pas à attaquer, bien que son infanterie, brisée par une marche de deux jours et d'une nuit, ne répondît pas à son attente. Le temps pressait cependant, la nuit arrivait. Le général n'avait sous la main qu'un régiment de marche qu'il chercha vainement à entraîner. Ces malheureux soldats étaient couchés depuis plus d'une heure

Général de Sonis

sous une pluie de mitraille et de projectiles de toute sorte. Après quelques pas, ils s'arrêtaient. Désespéré, le général de Sonis pensa que l'exemple de quelques braves pourrait les entraîner. Il accourut vers Charette et les zouaves pontificaux, et leur cria avec feu :

— Ces hommes refusent de me suivre. Venez, colonel, montrons-leur ce que peuvent des chrétiens et des hommes de cœur....

Puis, se tournant vers les zouaves :

— Vive la France ! Vive Pie IX ! En avant !

Derrière la ligne de tirailleurs marchaient, à cheval, le général de Sonis et son aide de camp, le colonel de Charette et son officier d'ordonnance, le lieutenant Harscouët, les commandants de Moncuit et de Troussures, ainsi que le capitaine de Ferron. Verthamon portait le fanion. C'était en tout huit cents hommes qui avaient la témérité d'attaquer une division entière prussienne et son artillerie.

L'ennemi, à leur approche, les prit d'abord pour une avant-garde. Une pluie d'obus commença d'éclater autour des zouaves, qui avançaient toujours au pas, alignés et calmes comme de vieux soldats. Ils marchèrent longtemps sans que l'artillerie ennemie pût les arrêter, lorsqu'à l'approche d'un bois situé à l'extrémité de la plaine, une terrible fusillade les décima, eux et leurs compagnons. Verthamon tomba le premier et couvrit de son sang la précieuse bannière du Sacré-Cœur. Le général de Sonis eut le genou brisé, les commandants de Troussures et de Moncuit, le capitaine de Ferron furent renversés en même temps. Le comte de Bouillé avait relevé le drapeau. Les zouaves avançaient encore sans répondre. Sur l'ordre, tout à coup, ils ouvrirent le feu, puis, aux cris de : Vive Pie IX! Vive la France! ils s'élancent dans le bois, la baïonnette en avant. L'attaque fut irrésistible. Des Allemands épouvantés, les uns se jetaient par terre, rendant leurs armes, d'autres se défendaient énergiquement. On se battait corps à corps. Il y eut un affreux carnage, ce que Chateaubriand appelait la *cohue de la mort*. Les mobiles s'emparèrent de la ferme de Villours, et tout céda au torrent. L'ennemi fuyait dans le village, poursuivi par les zouaves. Combien de ces braves soldats, qui n'étaient pas soutenus, allèrent se heurter aux murs des maisons remplies de Prussiens! Combien n'arrivèrent pas jusque-là! Les deux Bouillé, Casenove, Traversay, relevèrent l'un après l'autre la bannière rougie de leur sang. Des capitaines, des lieutenants, des soldats tombèrent glorieusement : Boischevalier, Vetch, du Réau, Castelbois, etc....

Cette charge héroïque et disproportionnée aurait été suffisante à conquérir la position. Le général l'espérait, car il savait ce que peuvent d'héroïques sacrifices. Les zouaves décimés, avançant toujours, chassent les Prussiens devant eux; ils entrent dans Loigny, s'y retranchent, et il faut que le général de Treskow engage sa dernière réserve, en y joignant toutes les troupes répandues aux environs, pour refouler sur Villours les débris de ce bataillon sacré.

La bataille de Loigny était perdue; mais jamais la bravoure soutenue par la foi n'avait fait briller d'un plus vif éclat l'honneur du nom français. Deux cents zouaves sont couchés sur le sol témoin de leur intrépidité, et le général lui-même est là, la cuisse fracassée. Il ordonne aussitôt la retraite, commande qu'on l'abandonne et qu'on sauve son artillerie. La retraite peut se faire en bon ordre, grâce à l'étonnement provoqué chez l'ennemi par cette attaque audacieuse.

« Et maintenant, que dire, s'écriait Mgr Freppel dans l'Oraison funèbre du général, de celui qui avait montré le chemin du sacrifice et de l'honneur à ces héroïques jeunes hommes? Il est là, étendu sur le champ de bataille, baigné dans son sang, et n'ayant pour oreiller que la selle de son cheval. Sur son instante prière, ses officiers se sont éloignés de lui. Bientôt il voit, il entend le flot de l'armée ennemie passer et repasser sur lui et autour de lui (1). La nuit est venue, nuit cruelle, nuit terrible, pendant laquelle la neige, tombant à gros flocons va couvrir d'un linceul les morts et les mourants. Pour lui, son âme est toute en Dieu, à qui il fait le sacrifice de sa vie pour la France et pour les siens.

(1) « L'armée allemande sur ces corps de Français a passé victorieuse, insolente, avec ses chevaux, ses canons, ses soldats, les brisant et les broyant; le silence est tombé, c'est l'isolement. Çà et là des râles s'élèvent, des larmes jaillissent. Oh ! la soif qui brûle ! oh ! ces blessures ouvertes, par où coule, comme disait Jeanne d'Arc, « le sang de la France. » Plaintes sans écho, appels sans réponse, agonies sans consolation ! Et pour les encadrer, des villages en flammes que les Allemands ont allumés comme pour des feux de joie. » *P. Lallemand à l'inauguration du buste du général de Sonis à Juilly le 31 mai 1892.*

» Deux jeunes zouaves, gisant non loin de là, se traînent jusqu'à lui pour recueillir de sa bouche quelques paroles de foi et de résignation ; un troisième vient expirer sur son épaule, et le héros chrétien, se soulevant à peine, exhorte ces enfants à la confiance en Dieu, leur parle de la Vierge secourable aux pécheurs, de l'éternité bienheureuse dont ils vont franchir le seuil.

» Puis, tout retombe dans un lugubre silence, interrompu de temps à autre par les gémissements des blessés. Quinze heures s'écoulent dans cet abandon complet. Nulle part de secours, ni d'espérance. Enfin, vers dix heures du matin, un prêtre et un médecin viennent relever le général, pour l'emporter au presbytère de Loigny, où l'attendent les soins d'un vénérable curé. Il fallut amputer la jambe gauche, sauver de la gangrène le pied droit gelé, et pendant que le chrétien arrachait aux assistants des larmes d'admiration en bénissant Dieu de l'avoir associé aux souffrances du Calvaire, le soldat se retrouvait tout entier avec sa mâle énergie, pour dire ce mot sublime :

» — Coupez ma cuisse, si cela est nécessaire, mais laissez-en juste ce qu'il faut pour que je puisse remonter à cheval et servir mon pays.

» Dieu, ajoute l'évêque d'Angers, reçut le sacrifice et exauça le vœu.

» Alors commence cette lutte de dix-sept années entre une âme grandie par la souffrance et les restes d'un corps devenu impuissant à la servir. Mais la volonté reprend le dessus, affermie qu'elle est par la foi et par le sentiment du devoir. A Rennes, à Châteauroux, à Limoges, on reverra le glorieux mutilé, des journées entières à cheval, exercer le commandement, inspecter les troupes, diriger des manœuvres avec cet entrain et cette activité qui égalaient en lui la sûreté du coup d'œil et la connaissance approfondie des armes les plus diverses. Parfois ses forces trahissent son courage; les suites de l'effroyable nuit de Loigny le retiennent cloué sur un lit de douleur; à Rennes, il se casse la jambe droite d'une chute de cheval; en Lorraine, sa jambe de bois elle-même se brise. Mais sitôt que le mal lui laisse une trêve, le soldat reparaît, toujours debout et partout, le premier sur le terrain, par tous les temps, de nuit comme de jour, oubliant ses blessures et ne comptant pour rien la fatigue devant les intérêts de l'armée et le service de la patrie. »

Cependant, pleins d'admiration pour sa valeur, les habitants du Tarn avaient eu l'intelligence de le choisir spontanément pour député, et par plus de 11,000 voix l'avaient envoyé à l'Assemblée législative, bien qu'il ne fût pas candidat. Plus tard, il réunit encore 22,000 suffrages, et ne fut pas élu (1).

Ennemi des tempéraments et de la mollesse, il déplorait vivement l'aplatissement dans lequel les conservateurs étaient tombés.

— On peut ne pas partager mes convictions, disait-il

(1) Le gouvernement de M. Thiers, dit M. Canet, faisait sa première campagne républicaine, et il déploya au plus haut degré dans ces élections, « l'activité dévorante, » dont il avait fait un crime à l'Empire.

alors, mais j'ai le droit de dire que j'appartiens au parti qui, en France, s'appelle le parti de l'honneur.

« Vous avez bien raison de dire, écrivait-il de Castres, en 1872, que ce serait le moment pour nous de nous réveiller de notre léthargie. Mais comment secouer ce pays? Vous le connaissez mieux que moi. Tout le monde dort. On mange, on boit, on digère. Chacun pour soi, voilà la honteuse devise de ce pauvre monde.

» Oh! quel coup de fouet nous allons recevoir dans les jambes, et que Dieu avait bien raison de nous faire sauter! Nous n'avons rien de chrétien, à part quelques pratiques extérieures du culte et qui ne dureront pas longtemps. Mais de la foi vive, de cette foi qui remue les montagnes, du dévouement, du sacrifice, l'ardeur, l'amour du bien et de la vérité au point de s'imposer quelque petite peine pour la répandre cette vérité, rien de tout cela! Pauvre monde! Pour moi, outre que je suis malade, je ne trouve de consolation que dans cette pensée : Dieu aura le dernier mot! »

Au mois d'août 1874, après un voyage qui fut une joie pour sa foi monarchique, et dans lequel il reçut des témoignages d'une royale affection, il fut appelé à Versailles pour déposer dans l'enquête parlementaire. Prévenue de son arrivée, au pied du grand escalier, la Commission qui devait l'entendre alla tout entière au-devant de lui, son président M. Daru en tête, et les égards dont elle l'entoura purent paraître l'hommage de la France entière pour une bravoure héroïque et un noble caractère.

Au mois d'octobre suivant, il fut placé à la tête de la division de Rennes, et il exerça depuis le même commandement à Saint-Malo, à Angoulême, à Châteauroux.

En 1880, lorsque l'armée dut concourir à l'exécution des décrets de proscription contre les citoyens qui honorent le plus la France et qui la servent le mieux, on lui fit l'honneur de ne pas lui transmettre les ordres. Ils furent donnés directement à un de ses généraux de brigade. De Sonis se rendit immédiatement chez le chef du corps d'armée et demanda à être relevé de son commandement. Ni les instances du général, qui avait servi sous ses ordres en Afrique et qui savait ce qu'il valait, ni la bonne volonté du ministre de la guerre, qui comprenait ces exigences de l'honneur et de la foi, ne purent vaincre sa résolution. Il lui fallait ce sacrifice et il ne fut tranquille qu'après son entier accomplissement. C'était une protestation que sa conscience lui imposait.

Ses dernières années ont été éprouvées par de vives et continuelles souffrances.

Il a vu venir la mort avec calme, lui qui l'avait affrontée vingt fois sur les champs de bataille sous la forme la plus terrible, et ceux qui l'ont vu de près peuvent répéter avec une entière confiance, en les lui appliquant, ces consolantes paroles des livres saints : *Beati mortui qui in Domino moriuntur*, bienheureux sont ceux qui meurent dans la paix du Seigneur.

« Le général, dit M. Canet, avait une foi simple, ferme et éclairée. Fidèle aux moindres prescriptions de l'Église, il se montrait jaloux de son honneur. Il l'a défendue de sa parole, comme il l'aurait défendue de son épée, voire au prix de sa vie. Il ne comprenait pas les concessions, et elles lui paraissaient une lâcheté. Le *Syllabus* était sa règle et son guide. Avec quel amour filial il parlait du Souverain Pontife, et comme il proclamait la nécessité de lui obéir! Il savait beaucoup et les choses de la religion avaient toutes ses préférences. Il aimait les écrivains mystiques et il savait les faire aimer par ce qu'il en disait, et par ce qu'il assurait leur devoir de joies intimes et d'avancement spirituel.

» Il y avait en lui une véritable ardeur apostolique. Il aurait voulu voir Notre-Seigneur adoré, aimé, servi partout et par tous. Il ne négligeait aucune occasion de dire quelque chose qui pût édifier et faire du bien. Cette nature impétueuse devenait alors douce, pénétrante, pleine de tendre émotion, et il était bien difficile de résister au charme. Plusieurs de ses camarades de l'armée le savent bien.... L'homme que rien n'aurait pu fléchir courbait docilement la tête sous l'autorité, et il ne commandait si bien que parce qu'il savait obéir.

» Le général de Sonis aimait avec passion son pays, et il n'a jamais mesuré ce qu'il lui devait d'affection et de dévouement. Il meurt, du deuil de la France, écrivait il y a quelques mois un ami commun.... Tout ce qu'on a pu dire de ces preux, qui furent la fleur de la France et qui en firent l'honneur, était vrai de lui. Comme les Croisés, dont il était, il se fût précipité dans les rangs des infidèles, et le genou sur le sol, le front dans la poussière, il aurait vénéré avec des larmes les lieux consacrés par la vie et la mort de son Sauveur.

» — O Dieu! s'écriait un homme apostolique de notre temps, donnez-nous des saints!

» Et quel temps en a eu un besoin plus grand que le nôtre! Le général fut de ceux dont les vertus ont un caractère héroïque, et on peut dire de lui ce qu'un grand orateur a dit d'un général de l'Empire, qu'il était *le saint de l'armée*. Nul de ses camarades n'y contredira.

» Cette armée qu'il portait si haut dans son cœur, il l'a grandement honorée par sa vaillance chevaleresque. Son nom y restera comme le type de l'honneur. Elle le placera parmi les meilleurs et les plus purs : elle n'oubliera ni sa fidélité au devoir, ni sa sollicitude pour les destinées du pays, ni ce désintéressement que notre temps désapprend tous les jours, ni cette droiture qui contraste si fort avec les mœurs que nous fait la politique, ni ce dévouement tendre et généreux pour l'Église qu'il aimait comme une mère. »

De Sonis n'était pas seulement le héros qui sème ses membres sur le champ de bataille, c'était l'homme de foi, de prière et de pénitence. Nous étonnerons peut-être ceux qui célèbrent avant tout en lui le soldat, le militaire tenant une belle place à la tête des régiments de cavalerie, et montrant encore les ressources de l'équitation aux cavaliers, lorsque, cloué sur son cheval, avec un crochet pour emboîter le moignon de sa cuisse enlevée par la mitraille, il les entraînait à sa suite.

Oui, nous les étonnerons en révélant les faits suivants de sa vie intime. Le brave de Sonis disait chaque jour le bréviaire des prêtres, et lorsque c'était jeûne, il prenait seulement un peu de café noir et attendait jusqu'au soir pour faire un seul et maigre repas. Chaque matin il allait à la messe; il s'y faisait traîner en sa petite voiture quand il ne pouvait marcher, et quand il souffrait trop pour la supporter, il s'y faisait porter par deux domestiques. Il n'a manqué la messe que la veille de sa mort, quoique depuis six jours le mal devenu aigu fût terrible.

« Nous tenons ces détails, dit un rédacteur de *la Croix*, du docteur Ménard, l'ancien chirurgien militaire qui a soigné les blessures du vieux soldat jusqu'à la fin. »

« Au mois de mars 1872, dit Mgr Baunard, M. Thiers, président de la République, redoutait un débarquement de l'ex-empereur des Français sur les côtes de Bretagne. Il manda le général à Versailles pour lui donner des instructions verbales.

» Estimant beaucoup M. de Sonis, il fut pour lui d'une courtoisie obséquieuse.

» — J'eusse été à ses yeux la plus agréable personne du monde, racontait celui-ci le lendemain même à son aide-de-camp, qu'il n'eût pas déployé autour de moi plus d'empressement et de coquetterie.

» L'entrevue se termina par une invitation à déjeuner.

» C'était un vendredi de carême. Il était une heure et le général était absolument à jeun. M. Thiers semblait ne pas se douter que ce fût jour d'abstinence : le déjeuner était gras. Pendant le repas, s'apercevant que le général ne mangeait pas, il en témoigna d'abord gracieusement son regret, puis enfin, en devinant la cause, et s'exclamant et s'excusant, il se mit à gronder sérieusement Mme Thiers, qui s'empressa de faire servir en maigre son brave convive.

» Le général s'amusait beaucoup ensuite à peindre le désespoir vrai ou simulé du vieux politique, inconsolable d'avoir commis un tel oubli envers un homme qu'il avait tant à cœur de conquérir. »

Le général de Sonis fut père de dix enfants. Trois d'entre eux servaient comme soldats en 1870; le plus jeune n'avait pas seize ans. A Saint-Servan, le général se faisait lui-même l'instituteur de ses plus jeunes fils, entrecoupant de leçons d'algèbre et de latin ses occupations militaires, heureux surtout de pouvoir y joindre des leçons de la doctrine religieuse. Leur nom, le souci de leur avenir le préoccupaient au plus haut point; aussi les craintes de la sollicitude paternelle reviennent à chaque page dans sa correspondance intime, où les vertus domestiques se révèlent sous une forme si touchante :

« Quel bonheur, écrivait-il, de façonner ces jeunes âmes pour le ciel, de préparer aux luttes de ce monde ces jeunes cœurs de chrétiens! Je ne pense jamais à cela sans émotion. »

Et encore :

« Toutes mes pensées sont concentrées sur mes enfants. Je ne sais ce qu'ils deviendront, je crois fermement que Dieu leur donnera du pain, mais je ne suis préoccupé que de les voir fidèles au Seigneur, aux traditions que je leur laisserai. *J'aimerais mieux les voir mourir de misère, que de les voir impies, ou seulement indifférents.* Et pourtant Dieu sait si je les aime! Mais *qu'est-ce que la vie en comparaison de l'éternité?...* »

TEMPLE (du)

CAPITAINE DE FRÉGATE, GÉNÉRAL, DÉPUTÉ, INVENTEUR.

(1823 — 189()

> « On doit sa vie à sa patrie, on ne lui doit pas son honneur. Dieu lui-même, en qui je crois et que je crains, n'a jamais demandé un pareil sacrifice. » (DU TEMPLE.)

Ces pages sont écrites pour venger le catholicisme du reproche qu'on lui fait de ne produire aucun personnage de valeur, en offrant à notre admiration des hommes comme le général Félix du Temple, capitaine de frégate, général, commandant de corps d'armée sur la Loire en 1870, ancien député.

Né en 1823, *Félix du Temple*, grâce à son travail, à son activité et à ses talents parcourut rapidement les grades divers de la marine militaire. Il était capitaine de frégate quand éclata la guerre de 1870. La France n'avait pas trop, pour la défendre, de tous ses soldats de terre et de mer. Tous les marins dont le service n'était pas nécessaire à bord de ses vaisseaux durent concourir à la défense nationale, quand l'ennemi vint assiéger Paris.

Le capitaine de frégate du Temple fut appelé des premiers. On le vit venir volontiers, avec une partie de ses marins, se mettre à la disposition du ministre de la guerre. Ses mérites étaient connus : le commandement d'un corps d'armée lui fut confié. Pendant deux mois, sous la direction du brave Chanzy, il lutta héroïquement contre les généraux allemands, payant de sa personne et exposant vingt fois sa vie. Mais s'efforçait-il en vain de ramener la victoire sous nos drapeaux. Par la permission divine, cette victoire lui fut refusée malgré des prodiges de vaillance et des flots de sang répandu par nos soldats.

La guerre terminée, les électeurs reconnaissants lui confièrent le mandat de député à l'Assemblée nationale de 1871, où il osa déployer le drapeau du Christ avec la même fermeté qu'il avait mise à déployer le drapeau de la France au Mexique ou à l'armée de la Loire. Ce courage chrétien est souvent plus rare que le second.

Dans la séance du 29 avril 1871, M. du Temple affirmait publiquement sa foi par ces paroles ardentes et convaincues :

— On doit sa vie à sa patrie, on ne lui doit rien de plus ; on ne lui doit pas son honneur. Dieu lui-même, en qui je crois et que je crains, n'a jamais demandé un pareil sacrifice.

A l'Assemblée nationale, le général refusa de voter la paix ; il était toujours intransigeant. Seulement son patriotisme eût exigé que la guerre fût conduite par d'autres hommes que ceux qui la dirigeaient du fond de leur cabinet. Il savait briser son avancement en votant dans ce sens, mais le vaillant soldat n'a jamais compté avec son avenir personnel.

Rentré dans la vie privée, M. du Temple fut ce qu'il avait toujours été : modèle de vertu, vivant et agissant, n'ayant jamais, quelles que fussent les difficultés et les épreuves, ni une parole de découragement, ni une heure de faiblesse au milieu des douleurs patriotiques; conseiller toujours fidèle et toujours prêt, n'imposant jamais ses avis, mais ne les refusant jamais. Cette vie privée ne fut point inactive comme elle l'eût été pour d'autres. Il s'occupa de diriger des ateliers importants pour les besoins de l'industrie et de la marine.

On sait que le général du Temple est l'inventeur d'une chaudière à vapeur, incomparablement supérieure à celles qui existaient alors, destinée à rendre les plus grands services à notre marine, et dont le mérite est aujourd'hui partout reconnu.

Cette chaudière, vrai chef-d'œuvre de construction qui diminue le poids et les dimensions énormes des anciennes chaudières arrive en ce moment au succès : le célèbre inventeur n'a fait que l'entrevoir (1). L'ingénieur savant avait en réserve d'autres inventions que la mort ne lui a pas permis de faire connaître.

Le général était un chrétien comme il en faudrait

(1) *La Lanterne*, qui ne recule pas devant les calomnies, avait écrit qu'il avait vendu son invention à l'Angleterre : le général l'obligea à rectifier.

beaucoup dans le rang qu'il occupait à l'armée. Il n'admettait aucune réserve, aucune hésitation, aucun compromis quand il s'agissait du service de Dieu. C'était un chrétien tout d'une pièce. Aussi le voyait-on parmi les pèlerins de la Salette et de Lourdes, comme on le vit au premier rang dans les combats pour la patrie. Il eut une part notable à la motion de la loi qui établit les prières publiques à la rentrée des Chambres.

Se jetant avec toute l'ardeur de son âme et la vivacité de sa foi dans les œuvres de piété, il fut trouvé parfois compromettant, même par quelques-uns de ses amis. Lui, de son côté, jugeait que les catholiques sont souvent prêts, *par prudence*, à se taire et à lâcher pied, faisant ainsi la partie belle à l'ennemi.

— Ce n'est point, disait-il, en abandonnant une à une toutes les positions, en évitant de combattre, sous prétexte de conciliation et de prudence, en reculant toujours devant les adversaires de l'Église que l'on remporte la victoire.

Le travail avait fini par épuiser ses forces, il se retira chez les Frères de Saint-Jean de Dieu. Il est mort comme il avait toujours vécu, en chrétien fidèle et généreux, pleinement soumis à la volonté de Dieu et confiant en ses miséricordes.

VESINS (de)

LIEUTENANT, HÉROS DE GRAVELOTTE.

(1845 — 1870)

« Sa pure et noble jeunesse a été couronnée par une mort héroïque. »

(Mgr DUPANLOUP).

Tout est pur, tout est beau dans la carrière si courte, et cependant si bien remplie, de ce jeune officier. Pour lui, l'état militaire était une vocation, un but; non un moyen, un état transitoire. Son programme, il l'avait tracé d'avance : conquérir depuis l'épaulette de sous-lieutenant jusqu'aux trois étoiles de général; après quoi, il retournera au foyer domestique, avec la satisfaction de pouvoir se dire : « A l'exemple de mes aïeux, j'ai bien servi mon pays! » Mais hélas! combien comme lui, n'ont pu atteindre ce brillant avenir!

Tout enfant, *Antoine de Vesins*, pour plaire à ses parents, pose devant le statuaire Jean le Ray, et paraît en génie sur le piédestal de la statue du maréchal Oudinot, duc de Reggio, (à Bar-le-Duc), où il tient si énergiquement le bâton de maréchal qu'il semble le garder pour lui.

Après de brillantes études, couronnées par les grades de bachelier ès sciences et ès lettres, poète de bonne heure, il répondait en ces termes à sa mère qui lui avait adressé cette question : Quelle est la plus belle heure du jour?

« Quand le soleil terminant sa carrière,
Fuit lentement sur les coteaux,
Et cessant d'éclairer la terre
Plonge son disque dans les eaux;
Quand le berger, au son d'un air champêtre,
Laissant l'ombrage frais de l'yeuse ou du hêtre,
Conduit ses troupeaux au bercail;
Quand le gai laboureur revient de son travail
Ramenant sa moisson féconde;
Quand le batelier, quittant l'onde,
Rapporte à ses fils réjouis
Ses filets de poissons remplis;
Que, dans les champs, retentit la trompette,
Sonnant l'heure de la retraite;
Enfin, lorsque le soir, libre, en paix et content,
Je viens pour embrasser ma mère,
C'est là pour moi, de la journée entière
La plus belle heure et le plus doux moment ! »

Après avoir obtenu à dix-sept ans dispense d'âge pour entrer à Saint-Cyr, le jeune Antoine est admis en 1862 à cette école, pépinière des futurs officiers de l'armée. A sa sortie, il entre comme sous-lieutenant au 93e régiment d'infanterie de ligne, en garnison à Bayonne. Son premier élan se traduit par cette exclamation toute martiale :

« Puisse une bonne campagne nous échoir! pour le moment, c'est toute mon ambition ! »

Quoique livré à lui-même, et malgré les entraînements du plaisir, il ne commet pas le moindre écart, et continue à vivre en chrétien.

Aussi son colonel, M. de Bellefonds, écrit-il à sa grand'mère, la maréchale duchesse de Reggio :

« Un officier comme votre petit-fils, Madame, honore le régiment dont il fait partie. »

Voilà, certes, un beau début. Aussi lui donne-t-on déjà ce titre flatteur en trois mots : « C'est un soldat. »

Ajoutons que son extérieur est distingué : taille élevée, front large, yeux expressifs, voix sympathique, distinction de gentilhomme dans les traits et dans toute sa personne. Quant à la mise en pratique de ce que, dans l'armée, on appelle le *Credo du soldat*, il n'y a jamais manqué. Nous détachons de ce formulaire les mots suivants, qui en indiquent le but patriotique et moral : *Drapeau*, — *Patrie*, — *Fidélité*, — *Devoir*, — *Honneur*, — *Obéissance*, — *Courage et bravoure*, — *Respect de soi-même*, — *Dévouement à Dieu et à la patrie.*

A la garnison de Bayonne succéda celle de Lorient. Après trente-six jours de marche pénible, supportée par le jeune officier comme par un vieux troupier, Antoine de Vesins arrive à sa destination. Sa première pensée est pour Dieu, *faire ses pâques*. On est en Carême. Il en écrit de suite à sa mère adorée (c'est son expression) :

« Je me suis empressé de chercher un prêtre; la Providence m'a admirablement secondé, et j'ai pu, le lendemain, approcher de la sainte Table.... Vous devez croire que je ne m'étais pas mis en bourgeois. »

Bel exemple de courage chrétien qui devrait être suivi plus souvent par nos officiers.

Détaché pendant un rude hiver à Belle-Isle-en-Mer,

il partage son temps entre ses devoirs d'officier et ses goûts d'artiste, que son père a développés chez lui de bonne heure ; sa pensée se reporte au château de Caylux (Tarn-et-Garonne), séjour de son enfance. Il y a plus, toujours favori des Muses, il exprime en des vers touchants les sentiments que son cœur renferme pour ses bons parents, sentiments de tendresse que l'éloignement ravive encore :

« En contemplant ces flots battus par la tempête,
Se brisant aux remparts qui ferment mon séjour,
Je pense que de loin la timide Bonnette (1)
De son faible tribut les grossit chaque jour,
Se portant vers ses bords, ma rapide pensée,
De l'immense Océan affronte le courroux ;
En la laissant errer, par la brise poussée,
Père, mère, je songe à vous ! »

Paris est la troisième garnison du jeune sous-lieutenant. Là, changement de lieux sans changement d'habitudes et de conduite. Même régularité de vie chrétienne et militaire, malgré les dangers de toutes sortes de la capitale. Il demande et obtient d'être envoyé à l'École de tir de Châlons. Au 15 août 1869, une grande joie lui est réservée : l'épaulette vient de passer de la droite à la gauche, Antoine de Vesins est lieutenant. Voici en quels termes s'exprime l'officier général qui a proposé l'avancement :

« Charmant jeune homme ! officier qui a du savoir, du feu sacré, en un mot, de l'avenir. »

(1) Ruisseau de Caylux.

Aussi se hâte-t-il de communiquer ce bonheur à sa mère :

« Ma chère mère, je suis dans la joie; mais la plus grande partie de cette joie est due au plaisir que vous causera cette nouvelle. »

Quelle délicatesse dans cet amour filial !

Envoyé bientôt en garnison à Caen, il souffre moralement de l'éloignement de sa famille. Chargé successivement d'un travail topographique et de l'École de tir, il remplit sa double mission à la satisfaction de ses chefs, à tel point que ses rapports sont mis à l'ordre du jour. Ainsi tout concourait à justifier ces mots : *officier d'avenir*.

Au mois de juillet 1870, la guerre était déclarée. A la nouvelle du commencement des hostilités, notre brave officier, impatient de guerroyer, s'écrie :

— Quand partons-nous? Qui nous commande? Où serai-je dans un mois?

Le 9 août, le lieutenant écrit à sa famille que ses vœux sont remplis :

« Nous partons pour Metz, et de là, sans doute, nous irons à MM. les Prussiens; nous allons venger nos camarades de Reichshoffen et de Wissembourg, qui ont succombé accablés par le nombre. Pour moi, je ne forme qu'un vœu : aller au feu, partout, toujours. »

La carrière des armes, on le sent à ces paroles, était bien la vocation d'Antoine.

Sa famille fut encore renseignée sur la destination du jeune guerrier par M. le colonel Oudinot de Reggio, son oncle, en ce qui concerne la journée du 9 août, au camp de Châlons :

« Étant allé le voir à sa compagnie, écrit le colonel, nous nous fîmes des adieux provisoires :

» — Au revoir, me dit-il; nous sommes du même corps, nous nous rejoindrons bientôt. »

Par un heureux hasard, le colonel, avant de quitter la gare, se fait sceller un cheval pour aller revoir son brave neveu; il le trouve tout équipé, prêt à se mettre en marche. Son oncle, heureux de le voir ainsi disposé, fut fier de son ardeur, et le lui témoigna en présence des officiers qui l'accompagnaient :

— Allons, bon voyage; à bientôt!

— Oui, à bientôt! lui fut-il répondu avec une dernière poignée de mains.

Hélas! ce devait être la dernière.

Nous sommes au 14 août, date de la bataille de Borny et la nouvelle des sanglants combats qui se livrent autour de Metz, ne tarde pas à se répandre et à être connue du lieutenant. Cette nouvelle était bien faite pour inspirer de vives inquiétudes; mais à cette date néfaste dans nos annales militaires, le 93e fut témoin de ce terrible combat sans y prendre part.

Ici se place un épisode bon à raconter. Pendant le choc des deux armées, plusieurs officiers français suivaient d'un œil inquiet les péripéties de la bataille.

— N'est-il pas triste, s'écrie l'un d'eux, de voir ainsi tomber tant de braves gens, et de penser que nous tomberons peut-être nous-mêmes victimes des fautes d'un inepte gouvernement!

A ces paroles, notre lieutenant répond :

— Nous ne sommes nullement responsables des fautes qui peuvent avoir été commises, et il ne nous appartient pas de les contrôler; mais permettez-moi d'ajouter, que notre devoir, ici, est de donner notre vie sans regrets pour le salut de notre pays; quant à moi, je me trouverai très honoré, si demain, je meurs en le défendant.

Voilà certes, une belle réplique dans la bouche d'un jeune homme de vingt-cinq ans! Un vétéran des temps antiques n'eut pas mieux dit. Quant à l'honneur de mourir pour la France, sa parole fut tristement prophétique. Le soir même de ce jour, le 93e traversait le chef-lieu du département de la Moselle, musique en tête, aux acclamations de la population messine, et se dirigeait vers Gravelotte.

« Vers trois heures de l'après-midi, le 93e de ligne est campé et tout disposé à combattre. Le lendemain, dès la pointe du jour, le lieutenant cherche à faire passer dans le cœur de ses soldats l'ardeur dont il est animé. Le commandement de la compagnie lui est confié par suite des fonctions de major dont son capitaine a été chargé. Tout à coup une détonation se fait entendre :

» — Je salue le baptême du feu.

» Et il se découvre au passage du premier obus.

» C'est le signal du combat. Le feu s'engage des deux côtés sur toute la ligne.

» Dès le commencement de l'action, le commandant tend affectueusement la main à son sergent-major, en disant :

» — J'espère bien que ce soir vous serez au nombre des officiers du régiment.

» Ainsi dans ce moment si grave, il se préoccupe de l'avancement de ce sous-officier. Placé en tête de sa compagnie, le nouveau commandant la range en bataille.

« Chacun admirait sur la crête de Rézonville, la fière » et chevaleresque attitude du lieutenant de Vesins, » a dit depuis le capitaine Esmaret, du 93e.

» La position devient extrêmement périlleuse, à tel point que ses soldats lui crient :

» — Lieutenant, prenez garde on vous vise !

» La vue du danger ne fait qu'accroître son courage ; il charge d'un pas précipité, quand tout à coup, il tombe à la renverse, d'un coup de feu reçut en pleine poitrine.

» — Mon pauvre Morel, s'écrie-t-il, j'ai mon compte réglé, je le sens ; abandonnez-moi, mais vengez-moi.

» A ces paroles succèdent ses dernières dispositions.

» — Prenez ma montre, Morel, et si dans cette guerre vous avez la chance de n'être pas tué, rapportez-la à ma famille.... Prenez pour vous ma gourde et ma valise, et pensez à la bonne amitié que j'avais pour vous.

» Arrive le fourrier pour mettre son lieutenant à l'abri du danger.

» — Allez reprendre votre place de bataille, mon ami, dit le blessé, et veillez à ce que les hommes marchent bien au feu...; qu'ils se conduisent en bons Français comme si j'étais là ; cachez-leur ma mort pour ne pas les décourager.

» La compagnie venait de faire halte pour mieux tirer sur les Prussiens; on en profite pour donner les premiers soins au lieutenant. Ses vêtements ouverts mettent à découvert une blessure large et profonde.

» — Laissez-moi là, dit le courageux blessé; ne perdez pas votre temps à me soigner et à me conduire à l'ambulance; vous direz à mon père et à ma mère, reprend-il en faisant le signe de la croix, que leur fils est mort en soldat et en chrétien.

» Mais le mourant n'était pas au terme de ses souffrances, car à peine avait-il prononcé ces paroles qu'un éclat d'obus vient lui broyer la cuisse. Encore un signe de croix et une prière, et après :

» — Vous le voyez, dit-il d'une voix défaillante, il faut que ma destinée s'accomplisse.

» Sur sa demande, on lui apporte de l'eau pour calmer sa soif; mais à peine a-t-il commencé qu'il vomit le sang. Se souvenant alors de la mort de Bayard, il se fait placer la tête juste pour mourir en regardant l'ennemi, comme le Chevalier sans peur et sans reproches. La tête appuyée sur un havresac, il ferme les yeux. On le croit mort; il reste ainsi *trente heures* sans secours, sur le champ de bataille. Ce ne fut que le 17 au soir, que les Prussiens le transportèrent à l'ambulance de Vionville; mais la mort ne devait pas triompher sans combat de cette constitution jeune et vigoureuse. Grâce à l'énergie du blessé, grâce à sa piété qui prolonge sa vie de quelques minutes, il a la force de prier, de se confesser à l'aumônier du 7e corps d'armée,

M. l'abbé Galho, et de répéter les paroles qu'il a prononcées déjà :

» — Vous direz à ma mère que son fils est mort en soldat et en chrétien (1).

C'est bien ce qui fait ta gloire, brave soldat.

Puis, le héros de Gravelotte rendit son âme à Dieu.

Après le combat, le corps du pauvre Antoine fut inutilement cherché sur le champ de bataille. Plus tard, sur un ordre envoyé par la reine de Prusse, on chercha encore, mais inutilement, le cadavre de celui dont Mgr Dupanloup a dit :

« Sa pure et noble jeunesse a été couronnée par une mort héroïque. »

Neuf mois plus tard seulement, des ouvriers creusant la terre, découvrirent la dépouille mortelle d'un lieutenant du glorieux 93e, c'était celle d'Antoine de Vesins, qui fut reconnue par son frère, Charles de Vesins.

Une lettre de l'évêque de Poitiers, adressée à la mère du héros, résume admirablement les traits et rappelle le courage héroïque de ce vaillant jeune homme.

« Votre fils, Madame, était de la race des Machabées ; vous devez le regretter, le pleurer ; mais comment le plaindre ? Ou bien ces combats meurtriers seront suivis d'une paix glorieuse, et alors quelle gloire devant Dieu et devant les hommes, d'avoir acheté au prix de son sang un pareil triomphe ! Ou bien notre infortunée France est condamnée à rester longtemps meurtrie des

(1) *M. Tarnier. Le Patriotisme en action.*

coups qu'elle reçoit à cette heure, et alors, c'est le cas de dire avec le héros de la Judée : « A quoi bon vivre encore? Il nous est meilleur de mourir que de voir les maux de notre nation et la destruction de tout ce qui est sacré. »

» C'est dans ces sentiments que vous porterez votre rude et terrible épreuve sans que la force de votre courage diminue en rien la tendresse de votre cœur!... Votre Antoine n'a rien perdu de sa distinction et de ses hautes qualités, en prenant possession d'une vie et d'une patrie meilleures. Vivez par la pensée avec lui, assurée de son bonheur, en ne doutant pas, un seul instant, que tout ce qu'il eût pu acquérir de gloire ici-bas ne lui soit acquis dans le ciel. »

A cette lettre si touchante et si belle, le colonel du régiment d'Antoine, M. Ganzin, en ajoutait une autre non moins élogieuse, celle-ci adressée au père du défunt :

« Monsieur le Comte, parmi les officiers que le régiment a perdus dans la dernière campagne, pas un n'était plus estimé, plus aimé que votre fils Antoine de Vesins. Tous appréciaient son caractère affable et ses nobles sentiments. »

FIN

TABLE

— Lille. Typ. A. Taffin-Lefort. 1893. —

A LA MÊME LIBRAIRIE

En envoyant le prix en un mandat ou en timbres-poste,

on recevra *franco* à domicile.

Les Hommes utiles; Première Série : Parmentier. — Jacquard. — Franklin. — Jenner. — Olivier de Serres. — Bernard Palissy. — Les Frères Montgolfier. — Gay-Lussac. — Bugeaud. — Baluze. — Dupuytren. — Riquet. — Volta. — Watt; par H. de Font-Réaulx. in-8° . . . 1 50

Les Hommes utiles; Seconde Série : Saint Eloi. — Gutenberg. — Galilée. — Vauban. — d'Agnesseau. — Turgot. — Vergniaud. — Jourdan. — Chevreul. — Louvois. — le cardinal Dubois; par le même. in-8° . 1 50

Les Hommes utiles; Troisième Série : Christophe Colomb. — James Cook. — Denis Papin. — Lavoisier. — Philippe de Girard. — George Stephenson. — François Arago. — Oberkampf. — Ferdinand de Lesseps. — Vauquelin. — Richard-Lenoir. — Bréguet; par le même. in-8° . . 1 50

Les Hommes d'État les plus célèbres; par M. de Montrond. in-8° . . . 1 25

Christophe Colomb; par F. Bournand. in-8° . . . 2 50

Le général De Sonis; par P. de Hazel 2 50

Jeanne d'Arc; par F. Bournand. 2 50

Lavigerie (Mgr), Primat d'Afrique, Archevêque de Carthage; d'après des documents inédits; par le même. Préface par Mgr Lesur. . . 4 »

Les Poètes les plus célèbres : français, italiens, allemands, anglais, espagnols. in-8° 2 50

Cassini — Arago — Le Verrier — Puiseux : Astronomie; par Mme la comtesse Drohojowska. grand in-8° . . . 2 50

Parmentier — Rumfort — Liebig : Alimentation publique; par la même. grand in-8° 2 50

Charles le Bon, comte de Flandre; par Mme Bourdon. in-8° . . 1 »

Lord Byron : sa biographie et choix de ses poèmes mis à la portée de la jeunesse; par A. E. de l'Étoile. in-8° 1 25

Vie du général Drouot; par Félix de Bona. in-8° . . . 1 50

Vie de Mme de Chateaubriand; par le même. in-8° . . . 1 25

Jean Racine : sa vie intime et sa correspondance avec son fils; par J. E. Roy. in-12 . . . . . 0 60

Histoire de Duguay-Trouin; par Félix de Bona. in-8° . . 1 50

Lille. A. Taffin-Lefort.

www.ingramcontent.com/pod-product-compliance
Ingram Content Group UK Ltd.
Pitfield, Milton Keynes, MK11 3LW, UK
UKHW021127220726
13924UKWH00004B/1948

9 782019 954222